U0797063

BLACK SWAN 黑天鹅图书

为 人 生 提 供 领 跑 世 界 的 力 量

BLACK SWAN

功夫财经 | 出品

看懂中国经济

了解财富的保值方式
把握未来的新投资点

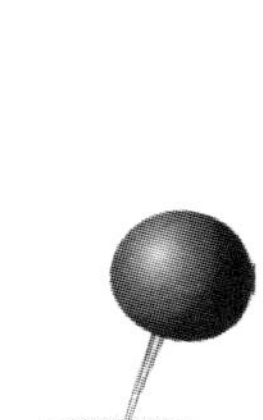

中国友谊出版公司

图书在版编目（CIP）数据

看懂中国经济 / 功夫财经出品. —北京：中国友谊出版公司，2016.11（2017.3重印）

ISBN 978-7-5057-3890-4

Ⅰ. ①看… Ⅱ. ①功… Ⅲ. ①中国经济—研究 Ⅳ. ①F12

中国版本图书馆CIP数据核字（2016）第253423号

书名 看懂中国经济
作者 功夫财经
出版 中国友谊出版公司
发行 中国友谊出版公司
经销 新华书店
印刷 河北鹏润印刷有限公司
规格 710×1000毫米 16开
18.5印张 166千字
版次 2016年11月第1版
印次 2017年3月第2次印刷
书号 ISBN 978-7-5057-3890-4
定价 42.00元
地址 北京市朝阳区西坝河南里17号楼
邮编 100028
电话 （010）64668676

目录

contents

PART I

楼市的逻辑

自 2015 年底“去库存”政策启动，2016 年中国房地产行业再经几番波澜壮阔：深圳、上海、合肥、南京、苏州、杭州、北京通州等城市及地区纷纷再次出台限购政策。时至今日，已演变成竞相争夺的赛跑，每个人都唯恐在这次财富洗牌中落后。房地产行业的本质是什么？房价这波上涨的逻辑是什么？实体行业不赚钱，房地产将如何发展？中国是否会步日本的后尘，楼市最终会大崩盘吗？

想真的降房价，只需三招

文｜马光远

中国房地产这次真的是迎来了寒冬，否则，绝对不会想出让农民工做接盘侠这个脑洞大开的主意。我本来以为这是一个玩笑，但是，当几次重大会议，特别是前几天的中央经济工作会议详细地描述了这个政策“组合拳”的时候，我才知道，这根本就不是愚人节的游戏。2015 年 12 月 18 日至 21 日，中央经济工作会议打出了一套帮助房地产去库存的“组合拳”。概括起来有这么几个要点：一是提出要“通过加快农民工市民化，扩大有效需求”；二是允许农业转移人口等非户籍人口在就业地落户，使他们形成在就业地买房或长期租房的预期和需求；三是提出购租并举的住房制度方向，提出未来住房制度的主要方向是“以满足新市民住房需求为主要出发点，以建立购租并举的住房制度为主要方向，把公租房扩大到非户籍人口”；四是提出要发展住房租赁市场；五是鼓励开发商降房价；六是提出要促进房地产业兼并重组，提高产业集中度；七是提出取消过时的限制性措施。

权且将以上“七条”称为“国七条”。“国七条”其中有四条都在谈如何让农民工租房买房，剩下的三条，一条是让开发商降价，一条是谈开发商的并购重组，一条是谈取消过去的行政性限制措施。这套看似全面的“组合拳”，却因为动机太明显，处处充满了硬伤：

1. 通过加快农民工市民化，推进以满足新市民为出发点的住房制度改革，扩大有效需求，稳定房地产市场。翻译过来，就是中央对“老市民”买房子已经不抱有任何希望，把希望寄托在进城的农民工身上。这基本等于是没有做任何调研的臆想。一是农民工的收入和房价的距离，等于 10 年前的马云和现在的马云的距离，可望而不可即。按照目前全国房价均价，以及农民工的年收入，一个农民工不吃不喝买一套每平方米 5000 多元的 90 平方米的房子至少需要 10 年。二是能在户籍地买房的农民，早就买了，而且买了房的农民也不愿意脱离农民身份，因为在中国，农民这个身份越来越值钱。三是只有傻瓜才会主动申请成为小城市的市民，小城市的公共服务缺失，对农民工少有吸引力。

2. 允许农业转移人口等非户籍人口在就业地落户，使他们形成在就业地买房或长期租房的预期和需求。如果我没有理解错的话，那意思是如果农民工在北京打工，允许他在北京落户？在上海打工，允许他在上海落户？每当这个时候，我就想起了那首歌：童话里都是骗人的……中国的农民工，绝大部分在大城市、重点城市和一些大的城市群打工，这就是他们的就业地，但恰恰这些就业地又是严控户籍的。我之前抨击过户籍改革的新政“严控特大城市的人口，合理控制大城市，适当放开中等城市，全面放开小城市户籍”是历年户籍改革倒退最大的一次。现在房子卖不出去了，说“允许农民工”在就业地落户，买房救房地产。

3. 公共租赁房面向农民工？听起来很美，但事实上根本不可行。从这几年各地推行的公共租赁房政策看，不要说农民工，在大学生这里都遭到了冷遇——

地点偏远，交通不便，最关键的，也不便宜。农民工那点工资，不可能拿出来租公租房的，群租等更适合他们。

4. 开发商降房价？这更不可能。大城市一刺激房价就大涨，中小城市尽管库存严重，但由于开发商的融资方式激进，融资成本很高，房价也基本没有下降的空间。

5. 过时的行政性的限制措施？该取消的都已经取消了，北上广深的限购，你也不敢取消。要不，你取消试试，还不涨到天上去！

至此，结论就出来了：这些政策没有一个靠谱的。我真的不知道，是什么样的智囊，给中央出的这些馊主意。房地产的情况如此危急，却拿出这么一套基本无用的不痛不痒的东西。说实话，在政策出来以前，我对房地产还没有绝望，在政策出来以后，我彻底绝望了。

其实，在这里，要拿出真功夫降房价，很简单，只需要三招：

1. 国家把房子半价卖给农民，开发商给国家打 8 折。中间的差价国家通过两个办法：一是税收减让，等于给开发商返税；二是发行购房券筹资解决，购房券可以流通。

2. 停止所有的保障房建设。既然房子已经太多了，就不要再建质量更差的保障房，直接以八折的价格从开发商手里收购，做保障房。

3. 废除土地 70 年的产权，把土地产权期限延长到 199 年，等于是永久产权了。然后，放开土地市场的一级垄断，解决土地的供应短缺问题，同时，奠定房产税的基础。这个办法本来报道了出来，后来发现是乌龙，说是从会议公报的英文稿翻译过来的。真的想知道他们的英语是体育老师教的吗？

如果还要补一刀，那就是废除其他各种税费，只征一种税——房地产税，地方政府以后的收入也有保障了。

房价的逻辑，兼答为什么这几个城市房价可能大涨

文｜马光远

统计局 2016 年 1 月 18 日公布了 70 个大中城市 2015 年最后一个月的房价数据。70 个大中城市的房价我从来都觉得是最不可信的数据之一，比如，2009 年中国房价大涨的那年，这个数据显示房价一年只涨了 1.5%，沦为笑谈。但如果从趋势看，这个指标也能够反映房价的基本走势。

比如，从 2015 年全年看，70 个大中城市的房价数据起码可以告诉我们这么几点：

热的很热

在政策的刺激下，包括一线城市在内的房价回暖的态势明显，特别是四个一线城市，2015 年全年同比的涨幅都很乐观。比如，深圳的涨幅高达 47.5%，相信 2015 年年初没有人想到深圳房价会涨到这个程度。

冷的很冷

尽管一线城市和一些热点的二线城市，比如南京、杭州、福州、厦门等，涨幅可观，而且预期升温的态势仍然在持续，但大量三、四线城市，因为库存的压力，仍然处在深度调整中。这两天我看到媒体报道，一个一直以来很乐观的开发商说，一些城市的房子只有炸掉一条路了。嗯，这话我至少三年前就开始讲了。

有的更热，有的热不起来

如果2016年政策发力，一定会让热的城市更热，但冷的城市恐怕热不起来。2016 年政策的着力点是去库存，但一线城市、部分二线城市、一些热点城市和未来人口流入的城市，需求旺盛，根本不存在去库存的问题，一旦政策发力，等于火上浇油。而那些库存压力很大的三、四线城市，不管政策如何发力，都很难点燃市场的热情。

这些情况，早在2014年9月30日我的文章《不是每一朵野百合都会有春天》里谈得清清楚楚。同时，我在《2016 年，这几个城市的房价会大涨》里对一些可能明显上涨的城市进行了列举。文章发表之后，很多网友不断问我，为什么我认为某个城市会大涨。我认为，大家之所以对房地产的一些问题有困惑，对一些明显忽悠的概念搞不清楚，除了羊群效应，关键还是很少有人去理解房价的基本逻辑。

大家要知道，价格只是一个表象，在表象的背后，则是影响价格的一系列因素，这些因素最终的合力导致了价格的生成。房价走势如何，不是靠一些诸如什么“刚需”“城镇化”，甚至“二胎”之类的概念，而是靠支撑房价的重要逻辑：

货币的逻辑

房价某种程度上是货币现象。过去10年，中国房价上涨背后最大的推手，就是货币。过去10年是中国房价暴涨的10年，在这背后，则是M2的膨胀。目前中国的M2已经超过了137万亿，之所以没有发生很严重的通胀，主要是因为房价吸收了这些水分。大家记住，我之所以强调2016年一些城市的房价仍然会上涨，是因为2016年货币政策宽松的预期很明显，而且，全年很有可能进入负利率时代。大家记住，在负利率的情况下，大城市的房价没有下降的先例。

供求规律

千规律，万规律，供求规律是第一规律。过去很多年，房地产最流行的一个概念就是“刚需”，我批驳“刚需”这个概念很多年，因为经济学上从来没有一个需求叫“刚需”。需求指的是收入约束曲线下的需求，人人都爱大房子，但你的收入必须足够承担才可以，所以真正的供求规律是有购买力的需求。过去房价飞涨，政府控制不住，原因只有一个：房子不够。现在80%的城市房子供应严重过剩，房子不再短缺，价格是不可能上涨的。就此而言，未来房价上涨的城市是需求仍然旺盛的城市、人口流入的城市。

城镇化的逻辑

过去有人讲，在中国城镇化完成之前，房价都会一直上涨。这也是一个伪逻辑，因为：第一，这个逻辑假定现在城市里的房子都住满了人，农民进城，都需要建新的房子；第二，它假定进城的农民都能买得起房子。很显然，这两个假定都不存在。关于中国房子的库存，我在之前的文章里都很详细地论证过，在此不再赘述。但城镇化的逻辑告诉我们，未来人口流入的城市，对住房的需求是实实在在存在的。

土地政策的逻辑

这是过去开发商一直告诉大家房价不会跌的逻辑，因为政府要靠房地产，所以政府不会让房价跌。但这个逻辑也建立在供求规律的基础上。当房子少的时候，政府可以卖地，但当房子多的时候，政府就无法依赖土地财政。当然，土地的逻辑也意味着，一些土地供应稀缺的城市，房价的上涨就具有天然的基础。比如，兰州的房价为什么比西安贵，很简单，西安地处 800 里秦川，一点也不缺地，而兰州地处黄河边上，几面都是山，土地相对西安还是比较稀缺的。再加上甘肃的城市资源也少，大城市只有兰州一个，这导致兰州的房价未来仍然被看好。

当然，还会有其他的一些逻辑，比如股市跷跷板逻辑。但我认为，就 2016 年而言，货币逻辑、供求逻辑，以及一些城市的特殊性将决定房价的走势。我仍然坚持之前文章中的判断：不是每一朵野百合都会有春天，冷的更冷，热的更热的格局将依旧。

年轻人
就应该买房

文 | 肖锋

2016年在央广中国之声的“两会”节目上谈房价，针对现在年轻人到底买不买房的问题，长盛、骆新和我代表北上广三地的嘉宾最后给出的答案都是：还是买吧！

大家透着一丝无奈。在现场的六六老师感慨，她写《蜗居》那会儿以为楼市要崩盘，没想到却一个劲儿往上蹿。她跑遍世界各地也没见过像中国人这么爱买房的。六六给她的小主管不低的薪金，可到年底人家说，这一年白干了。因为工资30万，可他看中的房子涨了40万。六六老师不解，为什么年轻人结婚要买房呢？难道，六六老师没听说“结婚不买房，等于耍流氓”？

眼下，70个城市房价半数环比上涨，广告称“深圳100万买房一年赚40万”。买不买房？不买代价太大。至少没其他可追求的了。这回别再听专家的了。为什么？

现有房价暴涨的情况下，创业、打工都不如买房。只要不破就不能叫泡沫。多少年会破?

零点调查结果显示：70% 的北上广受访者在个人或夫妻名下至少拥有一套住房；而从购买意愿上看，逾六成（63.8%）北上广受访者倾向于在未来一年内买房；44% 的受访者认为所在城市的房价会在未来下降，房价拐点预期在 7 年内出现。

我以前也是挺年轻人不应该买房的，应该去创业。现在我不坚持了。

我写过一条微博：

@ 肖锋：

1998 年马化腾创办腾讯，史玉柱创办脑白金；1999 年丁磊创办网易，马云创办阿里巴巴……据说都是 50 万创业，当时都没买房。如果他们当初选择买房，现在可能只是个宅男。都说房价毁灭了一代人的创业梦想，但另一方面，现在创业也没了10年前的开放环境了。50万不是问题，你关系硬不硬才是问题。

房价可不听专家或大 V 们的。研究表明京沪房价 10 年上涨 400%，应该不止吧！什么生意有 20% ~ 30% 的年投资回报率？中国制造业年回报率不过百分之几。

所以年轻人一毕业就渴望加入买房行列了。光大银行 2010 年调查显示，北京首套房贷者的平均年龄仅 27 岁，为全球最低。他们成了“毕买族”——即一毕业就买房的人。

为什么这么早就买房？中青报的调查显示，中国年轻人急于买房的首要原因是“结婚的需要”（69.5%），也有 50.2% 的人认为是“住房保障体系不到位，缺乏安全感”，第三个原因则是“租房价格贵，居住条件不稳定”（49.1%）。

北京房价涨幅

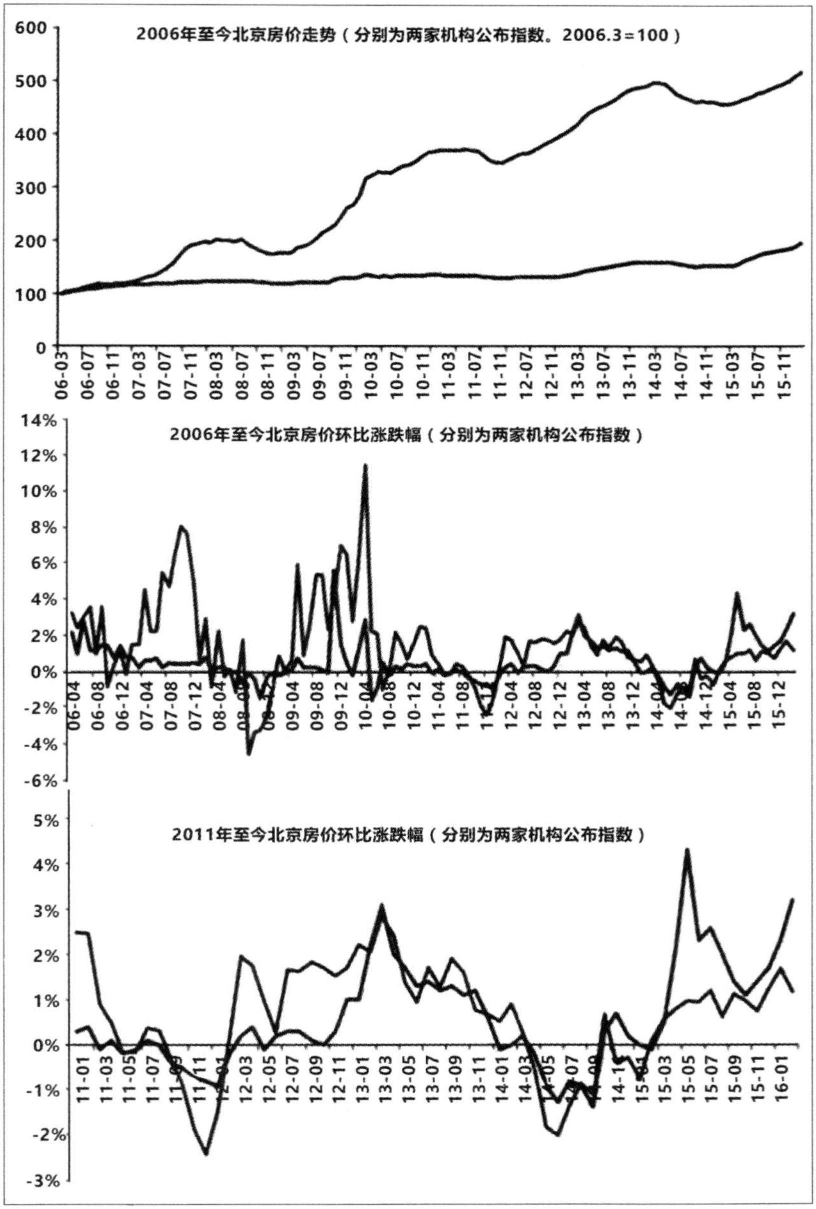

数据来源：搜狐财经

买房和租房的幸福指数哪个高？你愿意孩子出生在出租屋内吗？

一线城市漂族说，自己的居住证评分永远赶不上城市不断上调的积分标准。所以城市认同感低，未来还是要告老还乡成了心中隐痛。除非你嫁土著，或当个成功的凤凰男。

所以啊，不是逃离北上广，是被劝离北上广。一是被户籍劝离，二是被房价劝离。

但有套房子，你在婚姻市场的价码立马不同！

租了二十年的房子，二十年后依然一无所有随时会露宿街头，供了二十年房贷，但是二十年后起码这套房子是自己的了。你说是买还是租？租房自由，租房幸福，那只是想象的理想生活罢了。

买房和租房的幸福指数哪个高？你愿意孩子出生在出租屋内吗？租房，租一辈子也不是自己的家，哪怕装修得再好，那也是别人的。没家就是永远漂泊的感觉。

你会说，法国总统奥朗德还租房呢。但那是法国。欧洲城市政策永远是保护租客的，房东涨价或赶你走，须提前半年，而且要征得你同意。中国有吗？在当下中国的住房租赁体系下，承租人的权利得不到保护，而且，也看不到新的改观。

是，我承认房价有泡沫，但你用什么来对抗泡沫呢？创业，股市，黄金，美元，还是理财保险？

沈阳零首付。房贷抵个税。最近未出台及将要出台的房价新政很多。黄奇帆提醒说，听任地方房市高杠杆将是另一场金融灾难。抑制炒房，是政府要警醒的事，不要吃补药吃得牙痛。

媒体曝北京天价学区房：11 平方米售 530 万，折合每平方米 46 万。脑子进水了吗？其实人都是理性的。

尤其是北上广集中了 80% 的成名、成功机会，集中了一半以上的重点院校、三甲医院，其他一线城市瓜分了剩下的优势资源。这就是坚硬的现实，你想反抗吗？你拿什么反抗？

一句话，不要让年轻人个人去反抗整个体制，对抗坚硬的现实，这是不厚道的！应该反思是谁造就了这一切。

认真地讨论一次中国房地产何时崩盘

文 | 马光远

2016 年 3 月 25 日，上海和深圳相继出台了非常严厉的调控政策，为市场降温。特别是上海，无论在限购政策，还是限贷政策上，都堪称史上最为严厉，再加上明确禁止首付贷等金融工具，如果真正执行，对市场的影响之大不可小视。

从当时舆论的效果看，政策的威慑力还是相当大的。3 月 29 日凌晨我飞抵深圳，深圳接我的地产界的人士告诉我，深圳的成交量下降明显，市场的观望情绪很大。

同时，在地产问题上，我一直比较认可的高盛的哈继铭先生在博鳌论坛，对于中国房价发表了引人关注的观点。他认为中国的房价应该到了跌的时候，但政府不让跌。在他看来，中国房地产的泡沫是全球最大的。为了避免误解，根据媒体的实录，将哈继铭先生的原话附在下面：

中国房地产的情况和汇率很类似，就是中国的房价应该是已经到了下跌的阶段了，之所以没有下跌是我们政策在不断地推动它。包括舆论上的推动，包括地方政府出台的一些政策，包括金融政策的放松，在努力地使得有更多的人可以来买房子，目的当然很直接的就是稳增长、稳金融，但是我觉得这些措施可能都是过度地注重了短期的利益、短期的稳定，它可能是以更长期的不稳定为代价的。

我们知道中国房价其实是很贵的，大家都说香港房价贵，香港房价是贵，香港的房价收入比在全世界来看是除大陆以外最高的，它是 15.6 倍，那么纽约和伦敦差不多都是在 10 倍、12 倍，日本东京只有 8 倍，你知道中国深圳是多少吗？ 28 倍。上海和北京也都是超过香港的，所以有很多人说香港（房地产）是世界上泡沫最大的，我觉得不是，中国内地的房地产是泡沫最大的，远远大于香港的，远远大于全球的。

我总结一下，哈继铭先生表达了两个观点：一是中国房价应该跌但是我们不让它跌；二是按照房价收入比，深圳的房价收入比远超东京、纽约、伦敦，中国的房地产泡沫是全球最大的。

说实话，哈继铭先生的这两个观点，我既同意，也不同意。同意是在于，中国很多存量极其惊人的三、四线城市，房价居然没有明显的下跌。按照基本的供求规律，这些城市的房价没有任何支撑，不下跌的原因，一是开发商其实已经没有太大的降价空间，二是地方政府根本不愿意让其降价，降价在目前整个去库存的策略中是基本不被考虑的选项。但，这仅仅指三、四线供大于求的城市，对于一、二线的热点城市而言，我很难理解，在货币放水、房地产救市政策明显出台的情况下，需求依然存在，房价怎么可能跌。中国房地产最奇怪的地方就是，高价格不见得有泡沫，低价格不见得没有泡沫。

一、二线城市的房价高吗？哈继铭先生是用房价收入比来说中国房地产泡沫最高，其实，就绝对值而言，到海外置业的中国人突然发现，日本和美国的房价在绝对值上都比中国便宜很多。我过去一直给很多搞房地产研究的人普及常识，不要拿房价收入比来说中国房地产的泡沫，因为房价收入比不是一个很好的测算房地产泡沫的指标。

中国热点城市是典型的“许三多”——钱多人多需求多。比如北京，北京目前的房价和很多北京普通人根本没有任何关系，五环内均价 6 万左右的房价，不要说一辈子，就是从乾隆爷时候开始攒钱，也买不起。北京的房价对应的是全国，甚至全球的有钱人，拿中国的钱和北京的房子比，仍然是钱多，而不是房子多。这就是北京、上海、深圳等地的房价绝对值远高于很多国际大都市，但房价仍然会上涨的原因。拿房价收入比来衡量中国的房地产泡沫，这个指标根本不适用。

但是，我同意哈继铭对于中国房地产泡沫是全球最大的判断！而且我认为这个泡沫主要不是在高房价的一、二线热点城市，而是在天量库存的三、四线城市。中国房地产如果真的崩盘，那一定是三、四线先崩盘。这是一个基本常识。所以，目前中国房地产政策最大的尴尬是，在政策的刺激下，政府期待热起来的地方根本热不起来，而不该热的一、二线城市却高烧不退。于是在去库存的周期下，却又自相矛盾地出台严厉的调控措施去遏制疯狂的行情。

在之前很多文章里，我提及本次一线城市房价疯涨时出现的一个令人不安的现象：买房者和卖房者都非常恐慌，以一种末世的、视死如归的心态在参与这个游戏。买房者的恐慌是过去的多次暴涨让其不敢等待，而卖房者的恐慌在于从内心深处感觉这种疯涨缺乏支撑和逻辑。我一直说，疯涨不可持续，疯涨会让中国房地产的大调整提前到来。上海、深圳被迫出手，是不忍看到反弹的趋势早早夭折，这次出手是真的为了救，是为了避免疯涨引发暴跌的结果，而不是打。

面对一个不听话的、惹是生非的儿子，家长有时候会当着众人的面收拾儿子，但一回到家，立即安抚。按照这个逻辑理解上海、深圳的政策，基本是对的。

但是，如果限购、限贷以及打击首付贷等措施见效，包括北京打击各种不符合买房资格的人的行动是真的，那一线城市 2016 年的早春行情恐怕会迎来真正的春寒。一线城市销量和价格的调整恐怕很难避免。

尽管中国房地产泡沫真的已经很大，但要讨论泡沫何时破灭仍然不属于我的专业和兴趣范围，谢国忠老师在这个事情上表现出了多年来持之以恒的精神。对于这个问题，我的回答仍然是三个 100%：第一，中国房价 100% 太高，不承认房价太高不实事求是；第二，中国房地产迟早有一天 100% 会崩盘，因为所有国家的房地产在经历非理性繁荣之后最终的命运都是崩盘，无一例外；第三，中国房地产什么时候崩盘，我 100% 不知道。因为经济学根本预测不了资产价格何时崩盘的问题，如果谁说自己预测对了，用我的朋友王牧笛的话说，这个人一定是个骗子。

但是，我可以肯定地说，2016 年中国房地产不会有太大的问题，一线疯涨不可持续，但 20% 的城市的房地产复苏的趋势不会改变。

房价迎来高潮，你的城市离没落还有多远？

文 | 肖锋

2016 年的前 5 个月各地诞生 152 个“地王”，2016 年或成“地王年”。

一座城市房价高潮之时，也是它经济衰落之际。

1. 与此同时，房地产行业 2015 年净负债率均值为 96%，较 2014 年上升 7.23%，再创新高。

这是一场“招商引资”游戏。土地绑架房地产商，房地产商绑架银行，房地产商和银行绑架城市居民。谁来当“接盘侠”？炒家和“刚需”（比如 80 后新婚者）。

这是一场击鼓传花游戏，这是一场巨量透支买卖，将城市未来十年、数十年的房产买尽。

无论一、二线城市，将来都要为这场击鼓传花游戏埋单，而一代人的青春已经埋葬在高房价里。

高房价也正葬送一代辛辛苦苦做实业的企业家的梦想。我们的经济就像得了癌症一样，有点营养就全被癌细胞吸走了。如果你要饿死癌细胞，恐怕先饿死的还是自己。放水，先流向房地产，再流向实体经济；不放水，实体经济先死，最后房地产吃紧。所以本质上来看，房地产横在了央行、商业银行与实体经济之间，成为了大肿瘤，有点营养就全被房地产这个癌细胞吸走了。

兢兢业业做实业还不如炒几套房子。最后，政府做啥招商引资都不如卖地来钱快……

为这场疯狂埋单，可能需要几代人。

2. 高房价正损伤城市竞争力，阻挡人才进入。高房价的挤出效应正在发生。

超过 1.5 万家企业于近期迁出深圳！尽管市长表示，深圳市政府正在大力发展“创新驱动发展”战略，深圳用于研发的经费已占到 GDP 的 4%，未来还会持续增加。尽管华为、中兴暂时不会离开深圳，但华为分部已经悄然搬离深圳，任正非痛斥高房价之害。

社科院城市竞争力报告称：深圳经济竞争力第一，“城市病”也第一。

2015 年中国综合经济竞争力指数十强城市依次是：深圳、香港、上海、广州、台北、天津、北京、苏州、澳门和无锡。

报告称，深圳虽然在金融、科技、文化方面与北京、上海还有一定差距，但制造业优势明显，涌现出华为、中兴、比亚迪等一大批有影响力的本土制造业企业和众多外向型中小企业，成为国家重要的制造业中心。

但这是个 GDP 跛足的城市。房价高潮之时，即竞争力衰落之际。

要打败一个地方很简单，炒高那里的房地产即可！

3. 城市竞争力标准可以有十条到几十条，我最看重的就两条，第一条法治清明，第二条包容性的人才政策。

第一条要求财产安全，不被打黑“黑打”，公民有免于恐惧的自由。

2015年中国城市综合经济竞争力十强

城市	综合经济竞争力指数	排名	综合增量竞争力指数	排名	综合效率竞争力指数	排名
深圳	1.000	1	0.824	6	0.2994	4
香港	0.796	2	0.246	36	0.6254	3
上海	0.761	3	0.982	2	0.1404	5
广州	0.590	4	0.924	4	0.0854	8
台北	0.489	5	0.066	153	0.7928	2
天津	0.488	6	1.000	1	0.0503	16
北京	0.472	7	0.952	3	0.0489	18
苏州	0.465	8	0.746	7	0.0631	13
澳门	0.447	9	0.041	220	1.0000	1
无锡	0.384	10	0.447	14	0.0718	11

数据来源：中国社会科学院城市与竞争力指数数据库

第二条要求城市多元包容。有想法的人到哪里，哪里就会兴旺发达；有趣的人到哪里，哪里就会兴旺发达。

城市就是一个对冲的综合体，各种思维在这里发生化学反应，产生新思维。

北京、深圳都出现了驱离低素质群体的事件，无论是用运动式查车还是高房价挤出，比如北京居住证只向高科技人才倾斜，又比如专家倡议“10万元以下车辆不准进京”。

城市人口结构单一化只会导致人才的沙漠化。什么是一座伟大城市的指标？是高楼大厦多少吗？是GDP总量吗？还是类似“商业价值”“房价指数”

等排行榜？应该是让各个阶层的人都有奔头。国家如此，城市亦如此。

社会学上把城市魅力放在了异质性上，即非均质的、五花八门的乐高城市，每一块积木都有它的作用。社会学家最推崇的国际社区就是纽约格林威治区："在同一时间、同一街道、同时向富人与无家可归者、博士和文盲敞开着。"（社会学家米切尔·杜尼叶语）

相比目前登堂入室的中关村，我更怀念20世纪80年代的中关村：企业家、程序员和盗版碟小贩都有生存空间、做着各自的梦。创业都讲"车库文化"，乔布斯们最有创意的时候，是在车库期间。中关村最有创意的时候，是还没有登堂入室的时候。等到你登堂入室，等到你窗明几净，你也就没创意了，不是因为你老了，而是因为你接触不到异质性了，没有对冲思维了。

人们都流传任正非坐摆渡车或深夜打的的照片。真实的情况呢？无论是任总还是前纽约市市长布隆博格，或跨国公司的老板，都要坐地铁坐摆渡车，你以为这是亲民吗？这是了解客户，这是做市场调查，因为任何一个不起眼的人都有可能给他灵感。

最近去了北京超大社区天通苑，高峰期我只听到人们"嗒嗒"的脚步声，那种寂静是可怕的。再看看地铁里人们麻木的表情……唉，我们的城市太紧张了，这样紧张的城市会有创意吗？会有持续的竞争力吗？一个无趣的城市怎么会有创意和竞争力呢？

土地稀缺是中国房地产市场最大的谎言

文 | 马光远

在中国房地产的历史上，2016年是名副其实的“地王”之年，“地王”之多，之频繁，实属罕见。《人民日报》的统计是截至2016年5月底，全国共出现了152个地王（2015年全年只有95个）。2016年无论是“地王”产生的数量，还是“地王”的溢价率，在中国房地产的历史上都无出其右。

为什么会出现“地王”？有人认为，除了货币因素和房地产政策的刺激，从土地的基本面看，中国属于土地比较稀缺的国家，特别是一、二线城市的土地稀缺，是导致大家“抢地”的主要原因。

这话听起来似乎很合理，的确，中国这么多人，人均拥有的土地面积差不多是世界平均水平的30%。但是，无论从现实，还是从经济学的角度看，不管一个国家的人均土地面积有多少，从来都不缺少盖房子的土地。中华民族5000多年，从来没有听说盖房子缺过土地。

以色列的国土状况极其恶劣，大部分的土地都被沙漠覆盖，但从没听说这个国家缺少盖房子的地。更令人惊叹的是，在以色列的不毛之地上，却成长出全球最发达的农产品和先进的农业体系。与之相反，俄罗斯的土地广阔而肥沃，但相对于土地贫瘠的以色列，俄罗斯的农业非常落后。

诺贝尔经济学奖得主阿玛蒂亚·森对饥荒有最权威的研究，他的基本结论是：饥荒不是一个气候现象，而是一种制度现象。因为他发现，民主国家从来没有遭受过大规模的饥荒。大饥荒并非由于食物短缺，而是由于权利被剥夺。

中国人均占有的土地面积尽管只有全球平均水平的30%，但如果从盖房子的角度而言，近14亿人口，即使全部生活在城市，盖房子的土地也是绰绰有余。简单地算一笔账：按三口之家，平均每套房子100平方米，容积率按照3计算，中国需要多少土地来盖房子？只需要不到5万平方公里，占中国960万平方公里面积的比例远远低于1%！

以土地价格惊人的北京为例，北京是公认的土地稀缺的地方，北京目前总人口为2170万，土地面积1.64万平方公里，按每户三口、每套房子面积100平方米、容积率2.5计算，解决全部北京常住人口的住房，所需土地面积不到北京的2%。既然如此，为什么各大城市土地显得如此昂贵和短缺？原因很简单，这和土地面积大小无关，而是土地制度造成的。

在笔者看来，目前土地供应短缺的根本原因不是土地真的稀少，而基本是人为设置的不合理的土地制度导致的结果：

1. 垄断

地方政府对土地一级市场的垄断。在70年的土地使用期限下，为了追求土地价值的最大化，不但采用了可能产生高价土地的“招拍卖”制度，而且人为控制卖地的时间，控制土地供应的规模，土地的供应并没有随着建设用地而相应增加，反而为了拍出高价而肆意调控拍卖土地的时间。笔者在之前的文章中写过，由于土地一级市场完全控制在地方政府手中，什么时候出让土地，出让多少土地，出让哪一块土地，都是地方政府说了算。

2. 浪费

土地资源浪费严重。一方面是人均土地面积低于全球平均水平；另一方面，在土地使用上，违背基本国情。开发商为了收益最大化，尽可能地开发别墅或者大户型的高档住宅。但高档别墅、大户型的住宅意味着单位土地能够满足的居住人口非常之少。

3. 类别

各种人为制造出来的不同土地的类别，更进一步造成土地的短缺。看看北京占着大片土地的很多单位，看看各地不断新划出的开发区以及大学城。这些工业及商业用地因为非常便宜，地方政府在规划的时候尽量多规划，导致了土地更加紧张，从而挤压了住宅用地的空间。

以上三点可以简单证明，尽管我国土地供应总体紧张是不争的事实，但我们总比以色列、日本好吧。如果规划合理，并且确定一个符合国情的用地制度，至少就满足居住建设而言，土地是不可能短缺如现在一样。目前的土地短缺，绝大部分是人为造成的，是各种力量博弈的结果，而牺牲掉的，就是对普通民众基本居住权的满足。

当下土地价格不合理的根本原因是地方政府垄断了土地的供应，并通过人为调节供地节奏追求地价最大化。因此，抑制不合理的高地价，需要更多制度层面的努力。国土资源部应该制定一个统一的游戏规则，并在全国建立更多的土地交易中心，使得各地的土地交易和股票交易一样日常化，而不是集中拍卖。同时对具体地段的地价设定上限，如果买卖价格超过上限，应该对开发商直接征收暴利税，避免人为操纵地价。

比如土地使用期限可以提高至 150 年，允许剩余期限进入土地市场进行交易；同时，应该在全国建立更多的土地交易市场，让土地交易经常化，不再人为制造短缺；特别是考虑到未来城镇化的建设需要，农村宅基地必须尽快允许合法交易，并推动小产权房的合法化进程，这样可以大大缓解土地供应短缺的现状。

回到“地王”的问题，2016 年上海为什么出了那么多的“地王”，是上海的土地少吗？不是土地本身少，而是人为减少了供应。根据《劳动报》报道，2016 年上海土地供应量创 5 年来新低：

2016 年第 1 季度，上海土地市场供应面积（不包括工业用地）仅 42.48 公顷，比 2015 年同期下降 67.43%，为 5 年来最低值。其中住宅供应面积为 27.15 公顷，比 2015 年同期下滑 72.39%。受供应回落影响，成交量也创新低，2016 年第 1 季度，土地成交面积 63.49 公顷，比 2015 年同期下滑 61.80%。

事实上，在过去几年，上海土地供应每年都在减少，而且每年几乎都完不成供地计划。上海其实不缺地，但在土地供应大幅度减少的情况下，开发商只能哄抢有限的供应。上海住建部门负责人顾金山曾经表示， 2016 年上海商品房土地供应量比 2015 年提高了 169 公顷。但前 5 个月，供地仅占全年计划的 15%，这种人为制造短缺的情况下，不出“地王”倒是奇怪了。

妖魔房地产是无知和有害的

文 | 王福重

中国房地产似乎被妖魔化了，没几个人说好话，尽管人人享受了它的好。

有人说，一线城市房价那么高，老百姓买不起啊。凡事似乎一提老百姓，就必须解决，老百姓什么都该有似的。买不起很正常，都买得起，还叫一线城市吗？不但一线城市的房子，不是必需品，哪里的也不是。正是因为一线城市最繁荣、最发达，人们才蜂拥而入。城市如何挑选人，让谁来，不让谁来呢？在现代文明社会，就是用价格，主要是房价了，每个人来了，都要占据空间，都要有地方住。房价是最简单的排斥或者调节人口的手段。

房价高是天经地义的，公平的。你努力赚钱，赚够了再来（我反对任何限购）。没赚够，就暂时在其他地方栖身。

有人说，靠房地产，早晚产生泡沫。有泡沫，就得破，日本泡沫不是破灭了吗？泡沫首先是好事，没有泡沫的事物，包括人，都不值得追求。你说林志玲真有那么美吗，不过是大家都追捧的结果嘛。

你不能只看日本泡沫破了，而看不到破裂前房地产对日本经济的拉动作用。再说，泡沫和泡沫还不一样呢，日本泡沫破了，那是因为日本人找到了新的投资出口，更重要的是，日本人有创新能力，可以不再依赖房地产。中国的房地产泡沫，没有那么容易破。泡沫无法预知，不破就不知道有泡沫，在没有破裂前，你的恐慌踟蹰，可能输掉一生。那些十几年一直诅咒房地产的人，如果心口一致，不买房，今天全都是失败者。

有人说，还是制造业靠谱，创造价值。房地产就是炒来炒去不创造价值。如果在200年前这样说，还算有些见识，现在这样讲，就是大笑话了。所谓价值，就是价格而已。凡是有价格的就有价值，价格高的价值就大，房子价格高，因此，创造的价值最大。人们是大价钱买房子的，如果没有价值，那大家不都成傻子了。

建筑机械（如三一重工）是制造业，制砖造瓦是制造业，钢筋水泥是制造业，开山炸石是制造业，家具家电是制造业……还可以举出很多。皮之不存，毛将焉附，没有房地产，这些制造业存在的意义还有吗？卖给谁，价值体现，不就是一堆废物吗？

造房子，首先是一种真正的技术，复杂的技术，最近几十年，中国人才掌握现代建筑技术。造房子也是一种艺术，外来的建筑技术还可以和中国人的审美和艺术相结合，造出有中国特色的房子和花园来。鄙视房地产的人，何来的勇气？愚蠢也。

囤房炒房呢？跟炒股票一样，创造的价值一样很大。如果每个家庭只有一套房子，大学毕业生，去哪里租房子？创业者，去哪里开公司？如果没人炒房，你赚了钱，去哪里买房子，想换大点的房子，找谁去？囤房炒房，是投机是投资，有钱也要冒着风险才行的，你本事不够，你的胆子和心胸可能更不够！这些人，才是深刻理解中国经济社会的人！

有人说，还是用技术创新拉动经济好。当然好了。可是，技术创新，不是说有就有的。几百年来，我们有什么真正的科学发明和技术创新？我就说过，其实非洲的穷国，也是想靠技术创新致富的，但他们不好意思说。

中国人喜欢出大力流大汗的劳动，以为最辛苦，因此有价值，这也是制造业创造价值，而服务业特别是金融业和房地产业不创造价值谬种流传的观念上的原因。太多人以为，读书学习、科学研究，是轻松的活计。他们不知道，恰恰相反，这比出大力流大汗的体力劳动，辛苦和麻烦多了。技术创新比制造业困难不知道要多多少倍呢。顺便说一句，没有别人技术创新在先，也不会有制造业。

天天宣传技术创新，只能说明一件事，我们还没有这个能力，还做不到靠技术创新拉动经济增长呢。你看美国人就不宣传这些，他们天天嚷嚷的是制造业回归，当然，跟咱们鼓吹技术创新一样，美国人也是忽悠，制造业不可能回归美国。那是中国的比较优势，我们大可放心。

房地产是中国的宿命，一个不能靠技术创新，做不好服务业，又对金融有天生抵触的社会，只能依靠制造业了。同时，房地产业，也是中国的幸运。尽管不善于创新，但中国人喜欢房子，有了钱，第一个想到的，就是买房炒房。从农民工，到大城市的丈母娘，都是这样想的。这正好可以把几十个制造业统领起来，经济增长的路子，也就出来了。

还应该指出，中国经济最近几年下滑的直接原因，就是房地产被打压，而今年上半年表现不错，也是因为房地产业相对繁荣。

不聪明的人不要总跟聪明人比聪明，不要好高骛远，这山看着那山高。我们应该在接受宿命的同时，庆幸自己找到了房地产这样的经济增长利器。这不是丢人，而是光荣。

高房价这场战争，我们早就打输了

文 | 马光远

前段时间，在我个人的微信公众号“光远看经济”里，我全面讨伐了1998年房改以来中国的房地产政策，对中国房地产调控政策18年来的屡屡失效做了一个系统的分析。在我看来，中国房地产调控政策之所以全面失败，既压不住房价暴涨，也无法解决天量库存的根本原因在于：长期以来，中国房地产公共政策缺乏一个长期的系统性的构建体系，亦缺少内在的公共政策目标逻辑。在过于追求短期效应的指导思想下，政策朝令夕改，无论是民众，还是市场的参与各方，对政策的经常变化都无所适从，从而导致政策失灵的尴尬。

以本轮房地产政策为例，政策的目标是“去库存”，然而，政策导致的结果却是该“去库存”的地方库存依旧，而那些库存根本不是问题的城市房价却出现了惊人上涨。除4个一线城市外，在2016年“去库存”的政策背景下，二线居然出现了涨幅惊人的厦门、南京、合肥、苏州这“四小龙”；“地王”

频出，上半年全国出现了 152 个“地王”。政策提出的人的城镇化，希望农民工成为去库存主力的目标很显然已经落空。

事实上，在十八届三中全会前后，中国部署新一轮重大改革措施之际，笔者就围绕房地产市场的改革，多次撰文呼吁应该利用十八届三中全会中国全面推动新一轮改革的窗口期，反思过去多年中国基于调控思维的房地产政策，抛弃调控思维，站在制度建设的角度重构中国房地产市场的制度体系。

高层谈及中国的房地产制度建设，也更多地从房地产长远发展的角度看问题。早在 2012 年 10 月 29 日，政治局集体学习时，习近平就住房保障以及住房支持体系建设，发表了极为重要的讲话，除了没有直面房价问题，全面谈了中国住房支持制度及房地产政策等一系列问题，为未来中国房地产的制度建设确立了一个框架体系，可以视为未来中国住房政策的基点。

主要有四点内容：

1. 中国住房存在的根本问题，不仅仅是住房困难家庭的基本需求尚未根本解决、保障性住房总体不足，还有住房资源配置不合理、不平衡等问题。

2. 提出要处理好住房建设上的 “四大关系”，包括：政府提供公共服务和市场化的关系、住房发展的经济功能和社会功能的关系、需要和可能的关系、住房保障和防止福利陷阱的关系。

3. 肯定了住房的市场化改革方向，提出了构建以政府为主提供基本保障、以市场为主满足多层次需求的住房供应体系。

4. 提出住房的顶层设计问题，要求总结我国住房改革发展经验，借鉴其他国家解决住房问题的有益做法，深入研究住房建设的规律性问题，加强顶层设计，加快建立统一、规范、成熟、稳定的住房供应体系，倡导符合国情的住房消费模式。

在笔者看来，这次讲话事实上是新一届的领导层在房地产政策上一次思维的大转变。以上四个讲话的要点预示着中国房地产调控的思维将发生很大的变局，以行政调控为主的政策体系将逐步淡出，在住房的问题上，将厘清市场与政府之间的关系，主要发挥市场的作用，政府只需做好制度建设以及保障房的工作。

很显然，这是一个转折性的变化。然而，令人遗憾的是，由于多年来房地产市场缺乏休养生息和制度建设的基础，在经历多年的快速增长之后，房地产库存局部过剩严重。在库存压力很大的情况下，去库存又成了房地产调控政策的新的短期目标，制度建设再次让位于新的调控目标。

事实证明，无论是过去多年调控的效果、房地产市场的基本面以及未来制度建设的需要，短期的行政调控措施，特别是全国一刀切的调控，过去、现在、将来都无法适应中国房地产市场健康发展的需要。

过去 18 年，以行政措施为主要手段、以控制房价过快上涨为主要目标、以抑制不合理的需求为主要途径的房地产调控。由于过于浓厚的行政色彩，以及政策的短期与多变，不仅没有做到抑制房价的过快上涨，反而扰乱了整个房地产市场的预期。不仅购房者无所适从，更使得整个行业的发展都因政策的不断加码而难言健康，问题和矛盾重重。

特别是，购房者在这场十多年的博弈中已经深刻理解了调控的精髓，对于房地产调控已经不信任，出台任何房地产调控政策都会被视为“助涨”的信号而起到反向的作用。在高房价这场战争中，政策早已经完败。

同时，必须明白，调控政策既无法抑制住房短缺情况下快速上涨的房价，也无法解决住房过剩情况下庞大的库存。在今天市场已经基本解决住房问题的情况下，调控政策根本无法帮市场消化库存。通过调控措施帮助这个行业去库存，既不符合市场规律，也无法拿出有效的措施。

比如，帮助农民工买房。迄今为止，在财政、税收、金融等方面，根本拿不出真金白银的政策激励农民工买房。库存的问题最终还是要靠市场来解决。一个城市房子的供应超过了需求，这是供应出了问题，是供给侧的问题。我们的办法却是一厢情愿地希望农民工到他不愿意买房的地方去买房。

解决房价过快上涨也好，解决天量的库存也好，最好的办法仍然是有一个长期预期的制度体系。中国房地产面临的问题绝非库存那么简单，库存扭曲的背后是整个房地产制度体系的缺失。我们需要看到管理层对中国住房制度进行脱胎换骨改变的决心。

其实，中国的房地产行业，连续吃药 18 年，还能够成为稳定增长的支柱产业，已经算奇迹了，试想，哪一个行业能经得住这样的折腾？但如果不对土地供应、信贷、税收、信息、住房保障等政策进行全方位的检讨和反思，顺应房地产市场发展的规律，构建一个科学合理的促进房地产真正健康发展的政策体系，房地产迟早有一天会成为中国经济最大的麻烦。

出来混，迟早是要还的，这是铁律。

房地产正式告别疯狂时代

文 | 马光远

请注意，我说的是房地产告别“疯狂时代”，没有说房价要暴跌！

对于一些理解能力有障碍的，或者刻意曲解他人意思的人，我即使用洪荒之力去解释，也无济于事。比如我在 2015 年年底多篇文章里一直强调：2016 年是买房的时间窗口，但仍然有很多挑刺的老来问我：你说的房价要跌究竟是什么时候？然后恶狠狠地用洪荒之力喷我：你这个害人精，因为听了你的我才没有买房！

还有更邪门的，有次我凌晨 2 点看资料没睡，突然在微博看到一条新发来的语音私信，语调特别阴柔，很像传说中的小倩，不过是中国人妖版，幽幽地诉说他在去年股市下跌的时候想跑，但因为看到我说政府救市一定有效，出于对我的信任没有跑被套。最后，他用极其幽怨的语调对我说，马老师，我不怪你，真的，我不怪你！

对于这种连谁说的鬼话都搞不清的人，我只能说，我真的是活见鬼了！股

市看来真是 “属于文学和艺术的范畴”。对于 2015 年政府救市，我说得最多的话是：当大火烧起来之后，能从火里捡多少东西就捡多少东西，千万不要把希望寄托在灭火队员身上。这句话，可以到我的微博去找。

言归正传，说说中国经济和房地产。2016 年 7 月份，中国下半年经济数据开局不利，主要的宏观经济指标都出现下滑：

固定资产投资同比名义增长 8.1%，增速比 1—6 月份回落 0.9 个百分点，创近 16 年来最低的增速；房地产开发投资同比名义增长 5.3%，增速比 1—6 月份大幅度回落了 0.8 个百分点；民间投资继续下滑，同比名义增长只有 2.1%，增速比 1—6 月份回落 0.7 个百分点；7 月份规模以上工业增加值同比增长 6.0%，较 6 月份回落 0.2 个百分点；消费、进出口等数据仍然低迷。

民间固定资产投资和全国固定资产投资增速

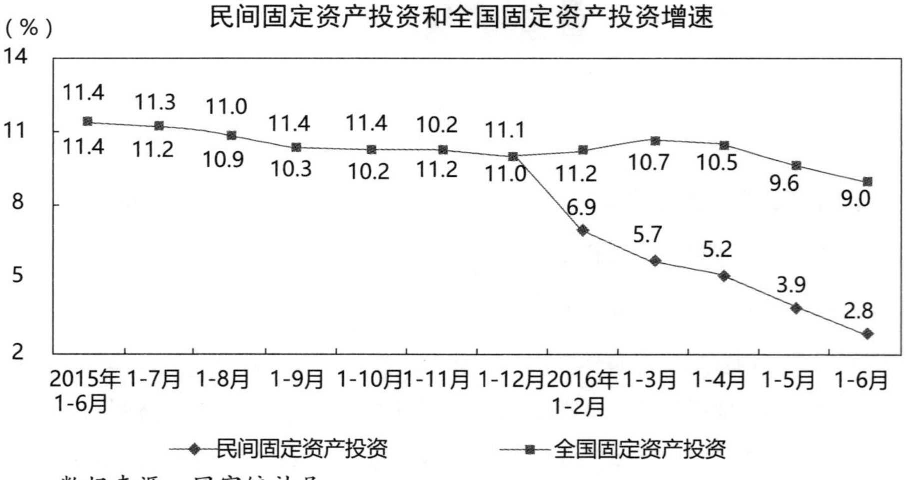

数据来源：国家统计局

这种情况，和我在评论中国经济半年报时的预测一致：在我看来，上半年中国经济不足惧，因为货币政策宽松有空间，房地产投资反弹有支持，基建投资稳增长有底气。但是下半年，货币政策宽松的边际效应肯定下降，基建投资和房地产投资的增速一定会回落。中国经济下半年面临的下行压力将远大于上半年。刚刚 1 个月的数据，这种趋势就已经显露无疑。特别是房地产数据和金融数据更是跌得令人触目惊心。

2016 年 7 月份的房地产数据，则出现了全面的回落：

1—7 月份房地产开发投资同比名义增长掉到了 5.3%，比 1—6 月份回落 0.8 个百分点；土地购置面积同比下降 7.8%，降幅比 1—6 月份扩大 4.8 个百分点；商品房销售同比增长 26.4%，增速比 1—6 月份回落 1.5 个百分点；房地产开发企业到位资金同比增长 15.3%，增速比 1—6 月份回落 0.3 个百分点；7 月份，房地产开发景气指数比 6 月份回落 0.39 个百分点。

全国房地产开发企业土地购置面积增速

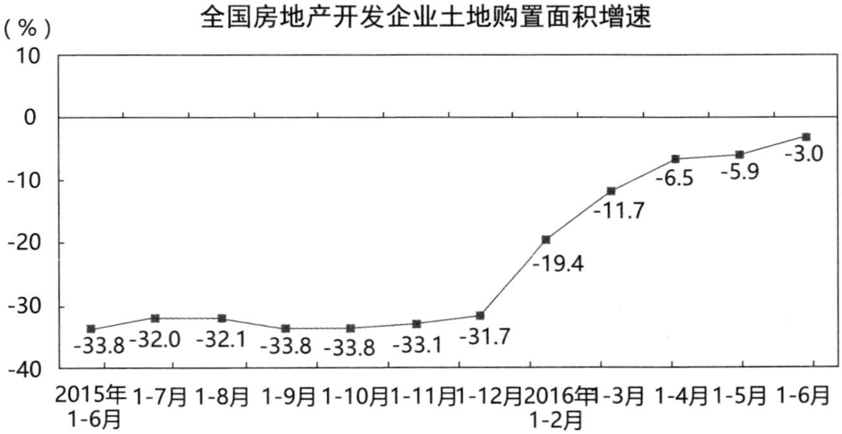

全国房地产开发投资增速

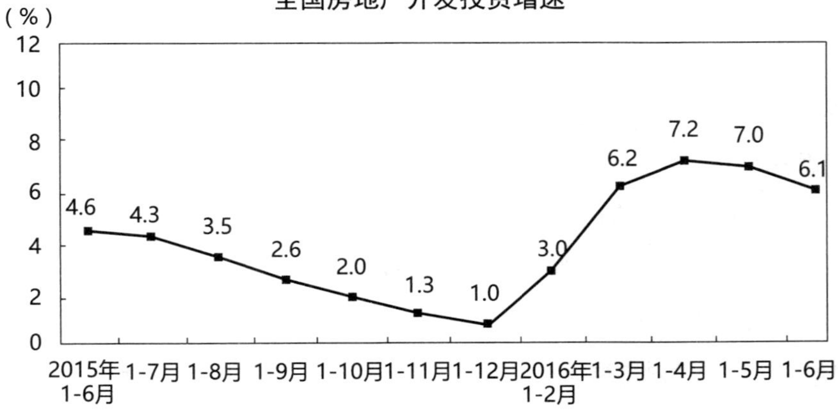

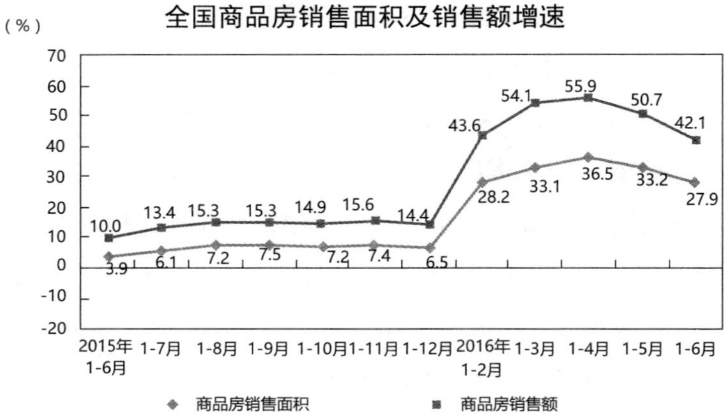

数据来源：国家统计局

其实，房地产从投资到销售等指标的下滑早在2016年5月份就开始了，只是在7月份回落的势头更为明显。

我在之前的文章中讲过，今年中国房地产数据的高点在二季度会结束，由于一、二线城市营造起来的疯狂的行情其实并不符合中国房地产的基本面。但从现在来看，这种疯狂的背后，和实体经济本身的低迷，以及除了房地产，几乎很难再找到赚钱和安全投资的领域有很大的关系。这是一个博傻的游戏，但不参与游戏者并不见得会比参与者高明多少。因为动物精神对资产价格的推动远远超过所有的理性。

2016年上半年，推动房地产走高的一大因素是货币的实质宽松，特别在一季度，人民银行的印钞机开足马力，使得金融数据特别惊人，无论是新增贷款、社会融资额的增量以及流入房地产行业的贷款所占比重，都超过了当年的4万亿，在制造业和实体低迷的情况下，成了资金唯一的去处和风口。然而推动这个风口的因素在5月份悄然改变，《人民日报》“权威人士”的讲话不断地纠正跑偏的货币政策，要求“稳健的货币政策就要真正稳健”。3个月后，效果凸显，7月份，中国的金融数据随着中国一些宏观指标的下滑出现了跳水：

7月新增人民币贷款4636亿元人民币，预期8500亿元人民币，前值13800亿元人民币；社会融资规模4879亿元人民币，预期10000亿元人民币，前值为16293亿元人民币；M2同比只有10.2%，增速分别比上月末和去年同期低1.6个和3.1个百分点； M1货币供应同比25.4%，预期24.0%，前值24.6%，M2与M1的剪刀差继续拉大到超15.2%，创历史新高。

1—7月人民币新增贷款

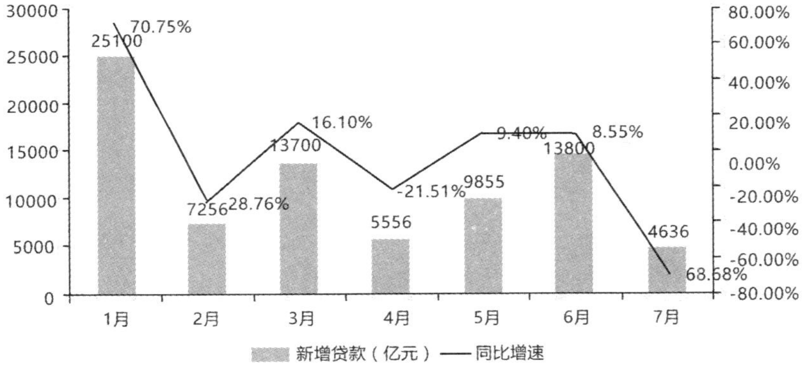

特别是，7月份4636亿元新增贷款中，几乎全部是住户贷款，尤其是个人住房贷款，而企业贷款减少了26亿元。这一方面说明房地产真的是中国经济的晴雨表，另一方面也说明，企业投资的意愿低迷到了惊人的程度。

对于7月份金融数据的跳水，人民银行于8月15日的晚上在官方平台进行了解读。从人民银行的解释看，除了安抚市场的情绪，希望市场不要对数据跳水进行过度解读外，还特别提到：在经济发展“新常态”和落实“去杠杆”任务的大背景下，货币信贷增长的中枢水平可能比过去有所调整，对此也需要适应。这句话可谓意味深长，最直观的翻译仍然是，M2高增长的年代结束了，货币大放水结束了。

其实不用再去分析南京、苏州等城市最近的调控，也不用去分析它们成交量最近的腰斩，以及房价收入比到了何种惊人的程度。只需明白，失去了货币政策的支撑，房地产的各项数据其实早已经见顶，今年中国房地产的高潮期在上半年已经结束，房地产不可能再回到上半年的癫狂。但在经济增长前景迷茫的情况下，官方也不会刻意打压房地产，像一些人预测的暴跌的情况更不可能在今年出现。只是买房子投资的风险越来越大。

P A R T Ⅱ

供给侧改革与宏观中国

改革开放近40年，中国创造了无数个让世界瞩目的奇迹与速度。但近年来，劳动红利减少、经济下行压力增大，人民币贬值、民间投资断崖式下跌等一系列问题出现。中国经济怎么了，我们将何去何从？现在是中国经济最寒冷的时候，还是刚刚入冬？也许，我们通过梳理中国的发展路径，探讨政府角色的转变，能寻找到以上答案。

中国靠什么创造了 30 多年的繁荣

文 | 马光远

中国人均 GDP 已经超过了 7000 美元的大关，这意味着，经过 30 多年的努力，中国已经从低收入国家进入到中等收入国家水平。对于中国这么一个基础落后，资源相对贫瘠，人口数目庞大，长期以来处于计划经济发展模式中的国家而言，不管如何，这都算一个了不起的奇迹。

由于中国过去 30 多年选择了一条不同于其他转型国家的道路，有人将这种极具自身特色的发展道路冠之以“中国模式”，并且将中国 30 多年的繁荣归结于中国走了一条不同于西方经济理论模式的独特的道路。尽管“中国模式”一直并没有很明确的内涵和外延，但这并不妨碍各界对其的赞扬抑或批评。特别是在今天，当中国的改革再次站在十字路口，面临方向性选择的时候，讨论“中国模式”的成败得失，并对中国改革开放 37 年的历史进行回顾和总结，寻找改革新的共识和突破口，无疑都具有极其重要的价值和意义。

中国模式其实并不存在。“中国模式”的前身是美国《新闻周刊》驻京记者雷默提出的“北京共识”，但对于“北京共识”，无论其倡导者，还是支持者对其认识上却并未达成“共识”，甚至成了最没有“共识”的共识。比如，其倡导者认为：中国能够创造如此优异成绩的根本原因，在于中国独特的经济和政治体制：它有一个强势政府和有着强大控制力的国有经济，有政治精英、学术精英和商界精英组合的带领，因此能够正确制定和成功执行符合国家利益的战略。因而能够“集中力量办大事”，从而创造了北京奥运、高铁建设等种种奇迹，并且能够在全球金融危机的狂潮中屹立不倒，继续保持超过 9% 的 GDP 年增长率，为发达国家所争羡，并成为世界很多国家经济发展的楷模。

但是，如果将“中国模式”归结于政治上的保守和经济上的激进，甚至将“中国模式”归结于政治精英的集权式的领导和国有经济的“长子”的作用，这无疑是对“中国模式”最大的误读。

考察中国模式，恐怕更多地要考察：

1. 是什么力量创造了中国经济增长的奇迹和繁荣?

2. 集权的政府在中国繁荣中究竟是中国增长的短板，还是独特优势?

3.“中国模式”有没有持续性，其自身的优势有没有可能带领其他国家避免陷入“中等收入国家陷阱”?

对这三个问题的回答，是真正考察中国模式是非功过的切入点和突破点。

中国前 30 多年的改革，创造了年均接近 10% 的增长，这在一个二元经济特征明显、政治体制改革长期停滞、资源配置的方式模糊扭曲的大的经济体出现，被很多人视为奇迹。当然，也有很多人克制而又不无严肃地指出，30 年来中国的增长其实无所谓奇迹，和当年的日本、韩国以及东南亚发展比较快的国家一样，属于赶超型的，在发展的方式上，主要也是依靠出口，高投资，高储蓄以及高代价的方式。但是，客观而言，如果考虑到中国的发展建立在一个计划经济的体制环境下，人口庞大，并且国有经济成分一直很高的国家，这无疑也属于经济增长的奇迹。但这种奇迹的创造，却并非“中国模式”的倡导者所总结的威权模式，就经济增长而论，中国经济增长之所以有今天的成就，完全是依靠市场经济自身的力量和私人公司的创造力，而不是什么别的优势。

其一，从中国经济增长的规律看。在 1992 年邓小平南方视察之前，尽管中国经济的增长也比较快，但并没有给世界留下极其深刻的影响。国有企业沉重的包袱和低效成为经济发展的最大障碍，市场机制的不健全也使得经济运行极其不流畅，经济长期陷入“一放就乱，一管就死”的恶性循环，其根本原因在于资源配置的方式并非基于市场，而是完全基于政府，计划在中国经济中的地位仍然首屈一指，无人撼动。在邓小平南方视察讲话，特别是 2001 年，中国入世以后，真正的市场在资源配置中开始居于主导地位，市场的力量在中国经济发展中毕现无遗。毫不夸张地说，如果没有市场机制，如果没有入世之后全球化的市场，中国不可能取得这么快的增长，这是市场的奇迹而非政府的奇迹。

其二，在国有企业改革障碍重重的情况下，中国选择的增量改革——大力发展民营经济的道路，而恰恰民营经济的快速发展，成为拉动中国经济快速增长的真正引擎。改革开放 30 多年来，中国的民营经济，占有的各种资源不足 30%，却贡献了中国增长的 60%，中国就业的 90%，中国专利和创新技术的 70%。而从国企的改革进程看，政府改变对国企的管理，在微观经济领域收缩权力，释放经济活力，才使得国企在某些领域告别亏损。就此而言，中国经济增长的历史可以概括为一段不断扩大企业自主经营权和限制政府干预的历史，一方面，通过改革国有企业，使国有企业真正成为市场主体，另一方面，通过大力发展民营经济，构筑了新型的政企之间的权力边界，培育了一个能够和政府抗衡的市场主体。没有对企业的改造，没有民营企业这些市场主体，就不可能创造中国的繁荣。尽管2003年以来“国进民退”的趋势明显，但就对经济增长的贡献而言，非国有部门对经济增长的贡献率依然高达60%以上，成为中国经济繁荣的最主要力量。很难想象，如果没有市场经济的改革，如果没有民营经济的崛起，靠所谓的政治保守、经济激进以及集中力量办大事，和维护国有经济在一些关键领域的控制力，就能创造所谓的增长奇迹。

当然，在任何一个国家，政府都是市场经济的重要参与方，政府对现代经济生活的干预可谓无处不在，没有市场的社会和没有政府的社会都是不可想象的。诺斯在其名作《西方世界的兴起》中特别强调：“有效率的组织是经济增长的关键，一个有效率的经济组织在西欧的发展正是西方世界兴起的原因。”而对于转型经济国家政府的作用，匈牙利经济学家科尔奈1990年推出了一本新书《通向自由经济之路》，在讨论了种种的变革措施之后，作者在该书的最后一章突然笔锋一转，谈起一个强有力的政府的必要性。依据科尔奈的看法，没有一个强有力的政府，实现市场经济的转型几乎没有可能。

企业和市场是中国繁荣的真正创造者。从企业的层面而言，伴随着中国经济的快速增长，中国企业迅速崛起。以中国企业在《财富》500强的榜单为例，500强作为权衡一个国家经济实力的最重要的指标之一，中国入围500强的73家企业在某种程度上也是中国经济发展的一张名片和缩影。1995年只有3家企业入围，到2015年上榜的中国企业超过106家，中国在500强的榜单在2012年就超过了日本，入围企业的数量仅次于美国。毫无疑问，这在一定程度上的确代表了中国改革开放以来经济发展的成果。

有人将“中国模式”解读为政府的强大和集权使中国能够“集中力量办大事”，减少内耗，从而推动经济发展的重要力量。其实，这样的逻辑根本经不起历史的考验，在改革开放之初，政府垄断一切，国有垄断了经济的所有方面，但并没给中国带来繁荣，政治和经济上的极左使得国民经济濒临崩溃的边缘。可见，在经济转型的过程中，保持政府政策的稳定与政府的强大是两个概念。

恰恰是因为政治体制改革的滞后，恰恰是政府职能转变的滞后，以及政府对资源的支配力过强，才是中国发展过程中的最大短板，政治体制改革的滞后，使得政府过度参与经济，各级政府官员握有支配土地、资金等重要经济资源流向的巨大权力，他们通过直接审批投资项目、设置市场准入的行政许可、管制价格等手段对企业的微观经济活动进行频繁的干预，导致寻租等一系列的负面行为，窒息了市场经济的活力，这是中国模式未来亟须突破之处而非其独特优势。

以国有部门为例，国有部门可谓占有了绝大多数的政策和金融资源，但就国有企业的效率而言，却一直面临不能资源其所的悖论。在 2003 年之前，国有企业在微观领域亏损累累，依靠财政的巨额补助才能生存，成为财富的黑洞；在 2003 年之后，通过一系列的改革和财政救助政策，中国的国有企业告别了微观领域的亏损；到 2010 年，国有企业的利润超过了近 2 万亿。但如果分析国企利润的来源，就会发现，国企的大部分利润要么是靠资源，要么是靠垄断，2010 年中央企业的利润 70% 是靠前 10 家垄断企业，如果没有政策优惠和垄断地位，国有企业在微观上仍然是亏损和不赚钱的。正是因为国有企业垄断了资源，从经济总体而言，反而造成了整个社会财富的缩水。因为，占有 30% 资源不到的民营企业，对经济增长的贡献是 60% 以上，而占有 70% 以上资源的国有企业，对经济增长的贡献却只有 30% 不到，其 20000 亿的利润，真正上缴财政的只有可怜的 400 多亿。假定这二者占有资源的比例互换，可以想象对经济增长的提升有多大。因此，中国改革 30 年财富积累的历史，既不是什么政府集权为代表的中国模式所带来的繁荣，也不是什么威权模式带来的，而是市场经济带来的。没有市场经济，就没有中国的繁荣。

如果真的要说，“中国模式”证明了什么，我想说，中国模式没有证明政府强大的好处，而恰恰证明了即使在专制体制、垄断横行、国家不断甩包袱、去福利化的情况下，市场经济也证明了自己的奇迹，在石头上开了花，结了果。

这个奇迹是市场的奇迹，而不是威权政治的奇迹，不是大政府的奇迹。

未来增长的动力仍在于市场化改革和转型。由于市场化改革和企业的发展壮大，中国经济保持了30多年的快速增长。然而，随着改革红利边际效应的递减，人口红利的逐渐消失，中国未来的经济增长亟须寻找新的动力。事实上，2004年12月中央经济工作会议提出了中国经济的转型问题。总的来说，在进一步推动市场化改革的同时，中国经济增长的动力必须从依靠投资和出口转向依靠内需，摆脱对高投资和出口的过度依赖。

从现代经济增长的事实看，无论是苏联在20世纪60年代所遇到的经济增长的停滞，还是第二次世界大战后欧洲推行的马歇尔计划在20世纪70年代导致经济增长的停滞，以及为人津津乐道的东亚奇迹的终结，事实上都早已证明了，完全依靠资本投入，经济增长不可能持续。无论是克鲁格曼还是刘遵义，通过对东亚奇迹的研究都得出同样的结论，一个国家如果提高投资率，随着经济向新的稳态转变，该国将经历一个快速增长时期，但这种增长随着投资效率的下降最终不可持续，如果没有及时转型，经济增长最终会出现明显的减速，创造了东亚奇迹的国家和地区，莫不如此。

改革开放以来，中国经济增长之路基本是在复制日本和韩国等东亚发展模式，一是依靠高投资，二是依靠高出口。应该说，这种模式复制得相当成功，中国经济依靠投资和出口维持了30多年的高增长。然而，从2004年开始，中国的投资占GDP的比重超过了40%，2003年到2010年，中国经济增长量年均54%来自投资的贡献。但是，没有任何一个经济体，在人均GDP处于如此低位时维持像中国这样高的投资率。投资维持这样的比例，也许在东亚国家有先例，但连续十多年维持如此高的比例，却是绝无仅有的。我们不能再抱有幻想，认为可以依靠这种高投资的模式再维持20年的增长。投资率高，意味着储蓄率高，因而必然会拉低消费。不可否认，中国的家庭消费过去20年的增长率绝对值不低，但家庭消费的增长率远远落后于经济的潜在增长率。20

世纪 80 年代，消费在 GDP 中所占比重高于 50%，到 90 年代这一比重跌至平均 46%，从 2003 年开始，家庭消费占 GDP 的比重开始大幅减少，2008 年和 2009 年都只有 35%，2010 年为 33.8%，远低于世界平均水平（61%）以及越南（66%）、印尼（63%）和泰国（51%）的份额，也远低于中国的历史水平。

经济学的基本常识告诉我们，在任何经济体中，产出增长变现为 GDP 三个基本要素的变动的总量，即消费、投资和净出口。

没有消费，产出就没有变现的通道，资本循环就无法完成。从狭义的“投资”概念而论，没有投资，就不会有增长，这是一个简单的常识。但仅仅依靠投资却无法实现可持续增长。从现代经济增长理论的历史变迁看，以“哈罗德 - 多马模型”为代表的古典经济增长理论认为，一个国家产出总量的大小取决于资本存量的多少，产出增长的快慢就取决于投资率的高低，投资越多则增长越快。但是，这种将经济增长完全归结于资本投入的多少的理论不仅违背事实，也违背经济学的基本逻辑。一个基本的事实是，资本投入相同的国家，往往有着不同的增长率。同时，如果单纯依靠增加资本投入来实现经济增长，在其他因素不变的情况下，必然会引起投资报酬递减和投资效率的下降。正是在此基础上，索洛提出了新古典增长理论，按照索洛的理论，增长的源泉除了资本和劳动投入之外，还有以全要素生产率表示的技术进步。索洛指出，在 1909 年到 1949 年的 40 年间，美国每人每小时的产出增长了 1 倍，其中 87.5% 来自技术变化，只有 12.5% 来自资本投入。索洛的贡献在于，他最先证明了在不存在技术进步的情况下，依靠资本投入可以实现短期增长，但不可能实现长期增长，从而纠正了在经济学界流行多年的“资本决定论”。

对于中国未来的经济增长而言，一方面一定要摆脱“高增长幻想症”的依赖，第二次世界大战以来，全球经济增长的历史，特别是东亚经济体快速增长的历史告诉我们，在市场化的改革完成之后，经济增长必须从对投资和出口的依赖转向内生增长，否则，经济的快速增长将难以为继。中国目前的经济总体规模已经接近 60 万亿，这是一个很庞大的规模，即使未来维持 7% 左右的增长，到 2025 年左右，中国经济总体规模也将超过美国成为全球经济大国。所以，对于中国未来的经济增速，一定要保持宽容，经济增长速度慢一点不是坏事，慢一点更加有利于创新，更加有利于结构调整。

另一方面，我们也应该清醒地意识到，中国改革已经进入深水区，中国的经济增长、社会稳定都离不开进一步深化改革，就经济改革而言，中国仍然应该致力于塑造真正的市场主体的努力，进一步拓宽企业和市场的权力边界，政府应该进一步退出对微观经济领域的干预，释放市场的活力，让政府回归到公共产品提供者的地位。中国的高增长也许不可持续，但中国经济的潜在增长率依然不低，中国仍然处在战略机遇期，中国经济的好日子并没有过去。

中国距离真正的世界第一经济大国还有多远

文 | 马光远

自 2014 年以来，世界银行、国际货币基金组织等机构不断地认为，按照购买力平价，中国的经济规模已经超过了美国成为全球第一。按照他们的说法：14 年前，中国超过了日本，成为世界第二大经济体。5 年前，成为世界最大出口国。按照国内生产总值（购买力平价），中国早在 2014 年就超过美国，成为世界最大的经济国，世界经济的版图因为中美两国经济权力的交接而改变。

不同于以往听到中国经济排名提升后的激动和炒作，时下的中国对于诸如此类戴给自己的高帽更多了一份理性和警惕。笔者关注到，对于中国已经超过美国成为全球第一的消息，无论是传统媒体，还是微博等新兴媒体，都几乎以调侃的心态对待。特别是，我们注意到，世界银行和国际货币基金组织的排名是按照购买力平价测算的。购买力平价理论尽管可以消除各种人为操纵汇率的情况，但这种完全按照购买力计算汇率的办法，和现实情况相距甚远，汇率的变化除了购买力，还要受国民收入、国际资本流动、生产成本、贸易条件、政治经济局势等各种因素的影响。而且，用购买力平价理论计算汇率时，如何选择代表性的物品构成“一篮子物品”迄今是一个难题。

所以，现实中很少有国家真的用购买力平价来作为调整汇率的标准。从中美两国的真实物价看，事实上，中国很多真实物价按照英国《经济学人》的巨无霸指数计算，人民币的购买力绝非被低估，而是被高估了。所以，用这种方法计算出来的中国 GDP 总量超过美国，只能让人一笑而过了。我们相信中国的 GDP 总量有一天一定会超过美国，但那是实实在在的超越，而不是靠计算规则的改变。

即使承认购买力平价计算出来的中国超越美国的结果，中国经济的真实实力不要说距离美国，就是距离我们已经超越的日本、德国、英国等国，仍然具有相当大的距离。

中国经济就总量而言，改革开放 30 多年来的确创造了一个又一个超越的奇迹，在很多领域，中国都是名副其实的全球第一：

2010 年，中国取代美国成为全球第一制造业大国，美国保留这个地位超过 100 年的时间；

2012 年，中国成为第一专利申请大国；

2013 年，中国成为全球第一贸易大国。

但这只是货币的正面，货币的另一方面，我们看到的是诸如此类“第一”背后，中国面临的尴尬。

中国的 GDP 总量尽管已经是全球第二，占全球的比重刚超过 10%，但中国的能源消费却占全球能源消费的 20%，2012 年单位 GDP 能耗是世界平均水平的 2.5 倍，美国的 3.3 倍，日本的 7 倍，同时高于巴西、墨西哥等发展中国家。

中国消耗的资源，比日本、德国、英国、法国加起来的总和还大。未来 30 年，这种资源耗竭性的发展模式无论对于中国自身还是世界而言，都将是很难再承受的。同时，2013 年，中国也成为全球第一碳排放大国，全球 2013 年碳排放量达到 361 亿吨左右。其中，中国排放二氧化碳 100 亿吨，美国 52 亿吨，欧盟 28 国 35 亿吨，中国的碳排放超过美国和欧盟的总和，占世界总排放量的近三成。

这意味着，中国发展经济付出的能源或者环境代价远高于欧美。而且，如果用人均 GDP 这个更能衡量一个国家幸福生活的标准看，2015 年，中国的人均 GDP 接近 8000 美元，尽管这已经是差不多 30 倍于 1980 年的数字了，但跟美国的人均 51200 美元比，还差得很远，即使按照现有的经济增长速度，达到美国这个数字最乐观的估计也应该到 2049 年之后了。在这种情况下，用所谓的购买力平价忽悠中国已经超过美国成为全球第一，实在令人捧腹。

而且，以上只是中美之间的经济差距，如果考虑其他方面的经济软实力，中美之间的差距也许更大：在科技领域，全球前沿的科技创新和成果差不多一半属于美国，诺贝尔经济学奖超过一半授予了美国人。在创新领域，中国目前仍然处于追赶阶段，除个别领域，中国在绝大多数创新方面仍然落后于美国、日本、德国等第一梯队，也落后于英国、以色列、韩国等第二梯队。从科技研发投入的强度看，中国尽管近几年来投入强度逐渐增强，并且在 2011 年达到创纪录的 1.84%，但与美国的 3.07% 相比，仅相当于美国的 60%，研发经费支出数量规模也只有美国的 23%。并且，中国研发投入强度也低于日本的 3.26%，德国的 2.82%，瑞典的 3.40%，芬兰的 3.88% 和丹麦的 3.02%。也低于韩国的 3.74%，中国台北的 2.90% 和新加坡的 2.09%。全国研发人员年平均经费分别只有美国的 12%，韩国的 17% 和日本的 10%。

也就是说，就科技、文化等影响经济未来竞争力的软实力而言，中美两国的鸿沟是很难在短期内逾越的，若对此没有清醒的认识，而只陶醉于 GDP“大数据”，认为全球经济第一的权杖真的已经实现交接的话，太傻太天真了。

即使作为第一制造业大国，在制造业的很多领域，中国在核心技术和原创能力方面极为残缺，中国可能是第二次世界大战以来经济规模成为第二之后，产业竞争力最弱的经济大国，也是经济规模到了第二之后，几乎没有几个国际品牌的经济大国。我们几乎在 90% 以上的领域，核心技术受制于其他国家。

当然，没有 GDP“大数据”方面的进步，人均 GDP 等更能反映经济实力的小数据的进步就是无源之水。但是，衡量经济实力是一个极其复杂的运算和指标。对于中国而言，应多关注中国经济的短板和与美国真正的差距，关注中国在技术创新，在制造业竞争力，在新的科技革命面前的应对方略，关注中国在制度方面的巨大的差距。韬光养晦，不过早戴上毫无价值和意义的“世界第一”的帽子沾沾自喜，才是成熟的体现。

如果中国的改革开放不再反复，中国在体制机制方面循序渐进，那么，到 2049 年，中国真正成为一个高收入国家之后，那个时候的第一才具有真正重要的意义。记住：衡量一个国家经济实力和富裕程度的从来都是看人均，而不是 GDP 总量。甲午战争，中国的经济总量远高于日本，中国败于日本；鸦片战争，中国的经济总量也高于英国，中国败于英国。对于全球第一人口大国的中国，这一点尤其具有重要的警示意义。

这一天，我们尤其思念这位老人

文 | 马光远

1997年2月19日，中国改革开放的总设计师邓小平辞世，享年93岁。小平辞世前5年，以88岁的高龄进行了他人生中最后一次，也是最重要的一次“南巡”，将处在僵局中的中国改革开放推进了一大步，清除了“左”的思维对改革的干扰，确保中国改革开放的大方向没有出现令人担忧的偏差。在今天这个日子里，在今天这个氛围里，我们倍加思念这位老人。谨以我2012年写的纪念“南巡”20周年的文章，作为对这位改变了中国人命运的老人的敬意和怀念。

2012年1月，是“小平南巡”20周年，媒体、民间和学界纪念这个中国当代史上最伟大的事件的活动逐渐升温。在当下中国社会思潮混乱，利益集团阻挠改革，一些领域出现倒退，改革进入深水区命运攸关的特殊时期，各界高调纪念“小平南巡”的用意再明显不过。

20年前“小平南巡”发生之时，笔者还是人民大学大一的学生。清楚地记得，1992年春节后的一天晚上，一个年轻的老师来我们宿舍，神秘地和我们说“要变天”了。当时，“小平南巡”讲话还未公开，但已经在一些非公开场合引发了热议。对于当时还是大一学生的我来说，真的没有意识到这个事件会成为中国改革开放进程中最伟大的事件，成为中国改革开放进程中的“遵义会议”和伟大的转折点。我只记得，在当时的总书记江泽民同志去中央党校讲话之后，我们人民大学沿用了很久的“政治经济学”的老教材正式被废止，在“小平南巡”之前，我们刚刚学习了这本教材中关于“计划经济”以及“有计划的商品经济”是社会主义本质特征的论述，而以“小平南巡”为界，这样的说法已经真正成了历史，取而代之的是“有中国特色的市场经济”。

但很显然，“小平南巡”的意义绝不在于改变了一本教材的命运。20年后我们回顾这个伟大的事件，我想，绝大多数人都会同意，这是一个真正的攸关中国改革命运的转折点。“小平南巡”讲话之后，中国的市场经济正式被正名，市场机制长期被压抑的活力开始像火山一样爆发出来。如果说，“小平南巡”前的12年，中国是真正摸着石头过河，不知道改革的未来在何方的话，在“小平南巡”之后，中国特色的社会主义道路已经非常清晰，市场经济成为当代中国改变物质贫穷的不贰选择。

正如江泽民十五大报告中，对“小平南巡”深刻评价所言：“1992年邓小平南方谈话，是在国际国内政治风波严峻考验的重大历史关头，坚持十一届三中全会以来的理论和路线，深刻回答长期束缚人们思想的许多重大认识问题，把改革开放和现代化建设推进到新阶段的又一个解放思想、实事求是的宣言书。”“小平南巡”之前，中国当时的气氛之压抑，“左”的走回头路思潮的疯狂，对改革开放的否定和抨击极其嚣张，小平正是在这个关键时期，以88岁的高龄，挺身而出，用自己最后的，也最震撼的力量，硬生生将中国改革开放从“左”的思潮中解救出来。

小平提出“改革开放胆子要大一些，敢于试验，不能像小脚女人一样，看准了的，就大胆地试，大胆地闯”。他还说：“没有一点‘冒’的精神，没有一股气呀、劲呀，就走不出一条好路，走不出一条新路，就干不出新的事业，不冒一点风险，办什么事情都有百分之百的把握，万无一失，谁敢说这样的话？”面对左派人士对改革开放的否定和抨击，小平严厉警告：“谁要改变三中全会以来的路线、方针、政策，老百姓不答应，谁就会被打倒。”“谁不改革，谁就下台”，这些极具魄力和勇气的话，在今天读来，仍然令人极其振奋，荡气回肠，给人信心。不夸张地说，没有这位 88 岁老人的南巡，中国的改革开放不知道还要徘徊多少年。

事实证明，1992 年“小平南巡”之后的中国，到处可谓“东方风来满眼春”，中国的市场经济，乃至中国的整个社会的变迁因为“南巡”而焕然一新。“小平南巡”之后的后 20 年，是中国发展最快，变化最大的 20 年，小平之后的中央集体领导遵循小平的理论，在经济领域进行了诸多卓有成效的改革，2001 年，中国入世，中国真正成为国际社会非常重要的一员，中国在 2010 年正式取代日本成为全球第二经济大国。

然而，在“小平南巡”20 年后的今天，在经济发展的同时，长期的政治稳定导致利益集团的出现，而利益集团为了既得利益，逐渐从改革的先锋队而成为改革的保守力量，成为改革最大的阻力。由于利益的冲突，中国社会在经济发展的同时，对于改革的未来是什么，如何改，分歧非常大。特别是中国的改革已经进入“分好蛋糕”的阶段，既得利益集团为了避免利益的受损，要么百般阻挠改革，要么曲解改革，要么进行假改革，要么借改革之名行维护既得利益之实。特别是，政治体制改革的长期停滞和权力制衡的缺失，政治精英、知识精英和商业精英利用缺乏制衡的权力，互相寻租，导致社会风气的败坏，导致人心的涣散，导致改革共识的破裂，导致很多人对中国未来开始悲观，近年来出现的盛世移民潮就是明显的例证，而金融危机以来的国进民退，以及一些消失了20年的左的思潮的重新活跃，可以说，中国的改革开放又到了一个极其关键的时期。20年后，小平已去，改革的命运堪忧，而这正是各界高调纪念“小平南巡”的根本原因。

很多担心中国改革出现逆转的人士，善良地期待中国再来一次“南巡”，以拨乱反正，扶大厦于既倾。这种愿望虽好，但很显然只是一种愿望。但这种愿望的出现恰恰说明，“小平南巡”的精神在今天的中国仍然具有重要的意义，那些时不时跳出来否定改革的阴魂依旧飘荡在中国的上空，而且利用中国社会出现的腐败等问题大做文章，目的仍然是小平20年前担心的，否定三中全会以来的基本路线、方针和政策。而事实上，中国政治、经济、社会领域目前出现的各种问题，并非改革本身导致，而恰恰是没有遵循小平同志“大胆改革”的指示，改革不彻底所导致。破解中国社会困局的关键不是回到改革之前，而是以“小平南巡”精神为指针，更加大胆推进改革，特别是长期停滞的政治体制改革，实现权力的制衡，遏制日益蔓延的腐败。如果说20年前的“小平南巡”，用捍卫市场经济的方式，彻底解放了生产力，让中国真正富起来的话，则20年后，交给我们这代人的，恐怕必须用法治和发展民主的方式，通过政治体制改革，解决富起来之后的“分蛋糕”和权力制衡的问题。如果不在政治体制改革上遵循小平的指示，“步子更大一点，胆子更大一点”，而是缩回到一个只胆战心惊维稳的状态，迟早会葬送小平同志改革中国社会和命运的改革开放事业。

愿小平千古，愿中国的改革开放事业长青。

当中国遭遇“刘易斯拐点”和“未富先懒”

文 | 肖锋

大停滞源于人类进取心的丧失

全球股市动荡，新一轮经济危机在路上？还是 2008 年那场危机的延续？《大停滞？》作者泰勒·考恩几年前就宣称，全球经济发展已进入停滞期。

作为 60 后，考恩认为现在跟祖母那个年代相比并没有多大的变化。那时就有很多人开车，只不过现在汽车比原来好了一些。那时就用抗生素、疫苗，今天还用，效果甚至更差。

考恩宣称，人类正面临一个“大停滞”困局。以美国经济为例，从 20 世纪 70 年代中期开始就已进入一个停滞阶段。这个停滞可以归结为两个主要原因。一是人类的天性，喜欢采摘“低垂的果实”——即贪图便利、总是挑容易的事先做，向上爬的苦事一定要等有压力才肯使劲。第二个原因，是我们进入了“科技高原”：许多重大科技发现、发明，像电、汽车、火车、飞机、打字机、照相机、药品器材等等都是在1940年以前完成的。科技进步也停滞了。

当然，除了互联网。但网络没有成为驱动美国经济发展的核心动力，只是解决了人的快乐和消费，而不是经济收入和效益，也就是说，互联网并没有真正促进经济增长、就业机会增加以及生产效率的提高。“人类还没有适应互联网，或者，人类还不配互联网”。

考恩的结论，可归结为人类进取心的丧失。此书的结论引起全球经济学界的关注。

大停滞为中国提供了赶超的机会吗？

连世界最富有进取心的美国都“懒惰”了，那么其他地方呢？考恩似乎对中国情有独钟。中国尚有许多“低垂的果实”，关键看你愿不愿摘。

美国25—29岁人口高中毕业率以及大学本科毕业率的变化

（1947年至2003年）

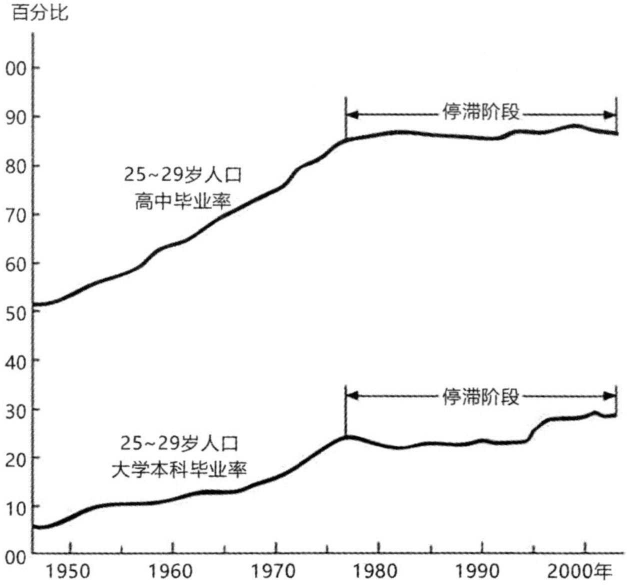

数据来源：美国人口普查局2004年人口统计报告

中国下一步会出现“大停滞”吗？一方面，人口红利、土地资源耗尽；另一方面，科技创新，大众创业、万众创新，如火如荼。但在体制上、世代更迭上，中国又不乏失去进取心的现象，即所谓“未富先懒”。

各种产品的市场普及周期曲线

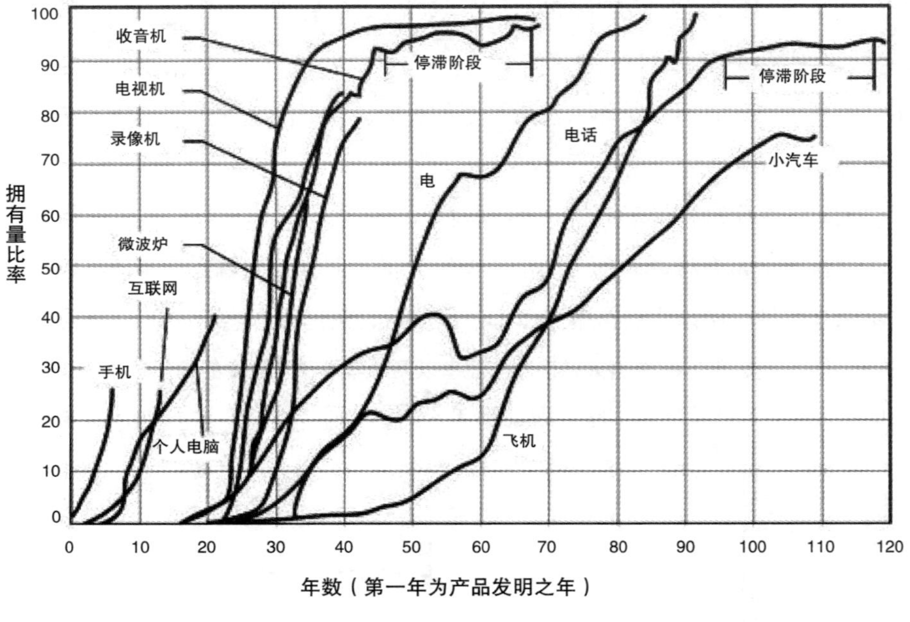

数据来源：观察者网

“低垂的果实”，按考恩的总结可分为三种：土地——大片闲置的土地；人口——大量劳动者和聪明但未受教育的孩子；科技——强大的新科技。过去的 40 年间，对美国而言这些果实已经开始消失。而相对中国，“低垂的果实”还有多少未被采摘？

按考恩乐观的估计，美国发生的这波大停滞还为中国提供了赶超的机会。中国还有许多“低垂的果实”，比如基础制度建设、依法治国、私有产权保护、信用制度、社会保障等等，当然，还有环境保护和互联网 +。

但不转换观念，不冲破既得利益，一切机会都会是梦幻泡影。

换句话说，美国的大停滞可能由于科技进步、人口素质，“只摘低垂的果子”，中国的大停滞一定是由于体制惰性，中国劳动人口再勤劳也抵消不了高昂的制度成本。

同样的停滞风险，但原因各不相同罢了。

自 2014 年进入新常态，中国的经济增长已开始放缓。2014 年中国经济增长为 7.4%，2015 年将下降到 6.9%。

2009—2015 美国与中国年度 GDP 增长

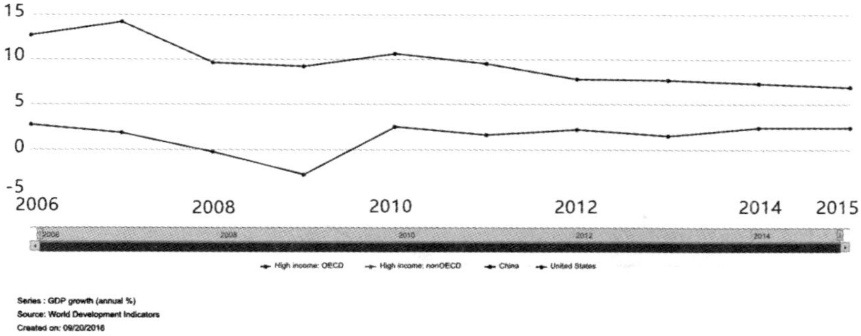

数据来源：世界银行

2009—2015 美国与中国年度 GDP 增长

	2009	2010	2011	2012	2013	2014	2015
China	9.2	10.6	9.5	7.8	7.7	7.3	6.9
United States	-2.8	2.5	1.6	2.2	1.5	2.4	2.4

Source: World Development Indicators. Click on a metadata icon for original source information to be used for citation.

数据来源：世界银行

下一步中国经济的动力在哪里？

中国的改革是靠一批开明的官员、勇于突破的企业家、勤奋的农民和有担当的知识分子开创的。回顾火红的 20 世纪 80 年代，那股精气神今安在？

人们看到的是，未富先懒的社会状态，上行遇阻的社会，正在板结的阶层。“肉都吃完了，只剩下骨头了”，怎么办？

未富先懒的社会状态，我认为是另一种“刘易斯拐点”（原指中国人口红利的衰减），即人们心态和社会状态的拐点。

刘易斯拐点示意图

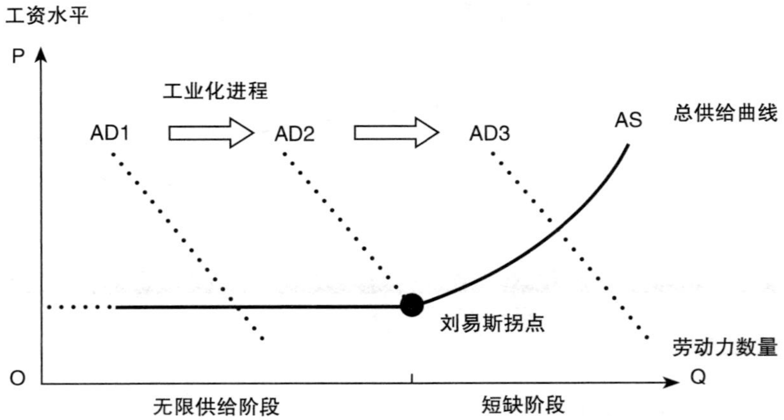

数据来源：和讯网

社会机制出了问题，导致国人在追求财富和理想生活的过程中，丧失了动力和机制保障，从而衍生与发展逆行的种种行为和现象。可归结为：未富先撤、未富先奢、未富先退、未富先骄、未富先惰、未富先炫、未富先疲等。

于是，上行之路遇阻，各种规则和潜规则将社会捆绑成胶着状态，如果不愿被称作停滞状态的话。与此同时，贫富悬殊加大，富者愈富，贫者愈贫。基于社会的上行阻力和为数不多的跃升方式（高考、创业、提干、嫁人），从低端阶层上升到中产阶层、从中产阶层上升到富人阶层的机会越来越渺茫，仇富、仇官心态炽盛。

要突破这种胶着状态，需要寻找全社会的最大公约数，寻找各阶层的共识，而这一点，大家知道，比治雾霾难得多。

全球经济将迎来十年熊市

文 | 马光远

对于2016年看春晚坚持到《难忘今宵》这一刻的人来说，人生还有什么过不了的坎，什么样的经济冬天能够比春晚更难熬呢?

历史的车轮开进了2016年，中国的又一个猴年到来，国际财经界充斥着对中国经济硬着陆的担忧。而在几年前，中国还承担着全球经济增长引擎和拯救者的角色，中国以救世主的身份被全球所关注。中国有很多学者在本轮金融危机中还一直幻觉般地认为，本轮金融危机意味着，中美启动了霸权权杖的交接仪式。然而，残酷的事实是，美国的霸权并未终结，全球期待的“中国之恋”却似乎在走向尾声。

金融危机从来不会改变全球经济的版图，这是一百多年来一直被证明的事实。特别是对美国而言，每一次的金融危机，作为肇事者的美国不仅没有衰落，反而在经历每一次的危机之后，依靠强大的自我修复能力浴火重生，使得美国的经济实力再次跃上一个台阶。那些期待美国霸权衰落的人只能将自己预言的实现放到下一次危机来临时。

在经历 7 年的调整之后，全球经济陷入金融危机以来最为混乱的时刻。美国货币政策的历史性转折和新兴市场陷入衰退的危险正在改变投资品的价格逻辑。大宗商品的价格面目全非。过去近 20 年，全球投资品，特别是大宗商品价格经历了史上最长牛市，其最大背景就是弱势美元和全球流动性过剩，以及新兴市场特别是金砖国家的超级崛起。流动性过剩加上新兴市场的强劲需求，制造了人类有史以来最大的一次泡沫，资本市场、房地产市场以及大宗商品市场都受益于此。

然而，随着金融危机接近尾声，美国的货币政策出现里程碑式的逆转，弱势美元退出历史舞台，取而代之的是强势美元的回归和流动性的紧缩。在后金融危机时代，复苏基础极为脆弱的全球经济迎来了强势美元时代“钱荒”和“资产荒”的双重挤压。

随着强势美元的回归，以及新兴市场快速增长周期的宣告结束，全球经济其实陷入了迷失的时代。单靠概念般的互联网和新的科技革命很难再次拉动全球的新一轮增长。无论是中国，还是全球经济都陷入了引擎熄火的尴尬。而这进一步引发了投资逻辑的崩盘。以移动互联网为代表的新的科技革命在颠覆全球经济，但还不足以成为全球经济新一波的增长动力，全球经济正在步入“平庸的十年”。这种“平庸”对全球经济的杀伤力远大于美国经济学家考恩所言的“大停滞”。

这个时代，绝非中国告别高速增长周期，“中国之恋”可能终结那么简单，而是一次长时间的低迷周期的开始。在全球寻找到新的增长引擎之前，美元的强势，以及新兴市场的危机将给目前脆弱的全球经济以致命一击。在过去 7 年，全球主要经济体通过 G20 这样的平台，进行全球宏观政策的协调，希望全球经济重新找回平衡，恢复可持续的增长。但最终的结果是，发达经济体的金融去杠杆过程也许已经完成，但新兴市场的增长也随之戛然而止。

在未来 10 年，全球的资金都将为寻找可靠的投资品而焦虑。当黄金这个没有任何想象力的东西居然成了 2016 年 1 月资金追逐的对象时，你能想象全球的“资产荒”到了何种严重的程度。而包括国际油价在内的资产的价格逻辑已经崩盘。支持油价的“铁三角”——弱势美元、中国需求以及技术“瓶颈”都荡然无存，油价从 2014 年 6 月的 115 美元至今，屡次跌破 30 美元，并且依然看不到稳定的迹象，所有的投资品受“美元魔咒”而魂飞魄散。

我担心的不是“资产荒”，不是“钱荒”，不是通缩的魅影，而是很多人对全球经济可能陷入可怕的十年熊市视而不见。全球经济的下一波增长周期在哪里？新的科技革命究竟能在多大程度上从讲故事变成现实？在亚洲的时代基本结束之后，全球的下一个兴奋点在哪里？这些问题，比以往任何时候都更难找到正确的答案。

就此而言，中国的问题，不过是全球大周期中不可回避的一环而已。历史告诉我们，不要挑战熊市，也不要试图改变熊市，“资产荒”说明现在压根就不应该积极投资。对于猴年的中国投资者而言，好好回味我这几年建议的“学习、旅游、生孩子”，而不是挑战智商。“多看少摸不点炮”也许是当下最好的投资原则。

和日本比，我们差了一颗心

文 | 肖锋

1. 2015 年春节，中国游客“从日本买回马桶盖现象”曾引发热议，人们反思为何我们能让神九上天，却造不出一只智能马桶盖。有人说，日本的马桶盖本来就是中国代工的，中国制造也行。一年之后，媒体曝光称，国内智能马桶盖产量激增但要小心烧屁股。

2016 年的春节买马桶盖又 OUT 了，中国游客爆抢儿童感冒药、卫生巾、丝袜、安全套、指甲钳、保温杯、电动牙刷、钢笔等一大批日货。而国内同类产品依然产能过剩、积压严重。

日本观光厅公布各国游客赴日消费金额

顺位	国・地域	金额	前年比
1	中国大陆	1兆4,174亿円	+153.9%
2	中国台湾	5,207亿円	+46.9%
3	韩国	3,008亿円	+43.9%
4	中国香港	2,627亿円	+91.8%
5	美国	1,814亿円	+23.0%

数据来源：搜狐平台

2015 年赴日外国游客显著增长

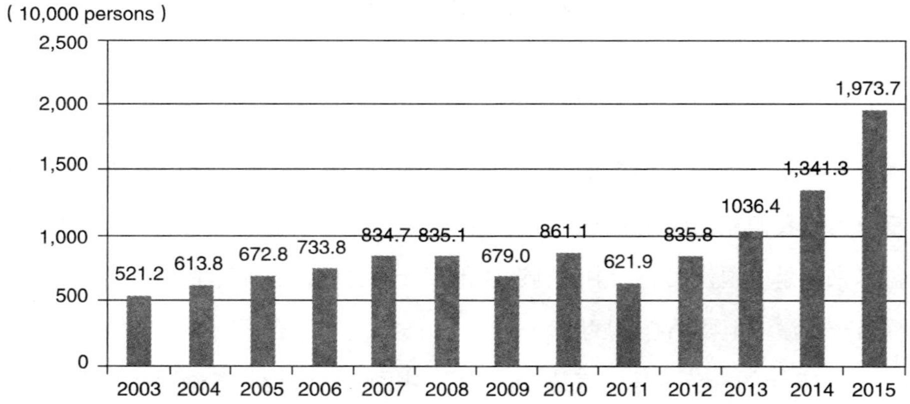

数据来源：日本观光厅

2015 年赴日旅客消费总额显著增长

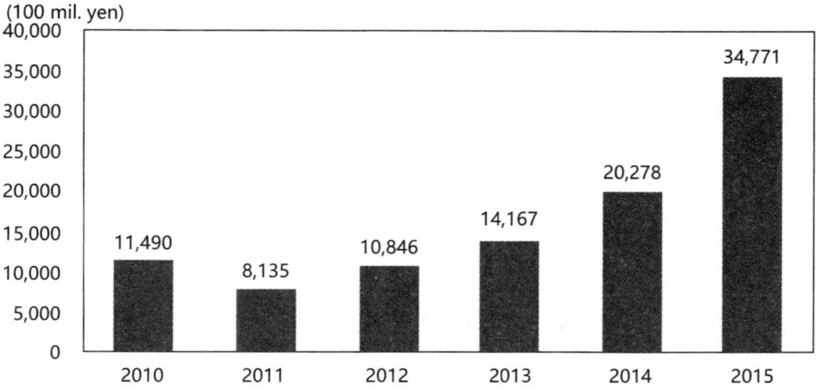

数据来源：日本观光厅

2016 年春节，马伊琍吐槽国内机场母婴室形同虚设获网友“怒赞”。马伊琍讲述了在机场为小女儿换尿布时，由于母婴室设置问题遭遇尴尬的经历，呼吁按标准建立母婴室。母婴室怎样才能“从有到精”？尽管目前对母婴室设置没有国际统一标准，但必备的设施应该齐全。有网友报料，日本母婴室甚至提供温水洗手，母婴室喂奶的地方和换尿不湿的地方是分开的，等等。

以上两件小事阐释了什么叫“细节决定成败”，从小小的马桶盖到母婴室，不在乎有没有，在乎是否“用心”。

2. 当我们高呼要从中国制造向中国“智”造跃升时，却忽略了中国制造或中国服务本身就有的品质提升的巨大空间。

中国制造或服务最需要一种“匠人精神”，一种做人做事敬天畏人的态度，来对抗浮躁之风。

这种匠人精神中国古已有之。其实，翻开历史，打开《天工开物》这部“中国 17 世纪的工艺百科全书”，精益制造的中国就在眼前。中国有着五千年的灿烂文明，除了诸子百家、唐诗宋词以外，赵州桥、苏州园林、丝绸、景泰蓝、青花瓷……都体现了中华文明的精粹，而它们的创造者，就是无数知名或不知名的工匠，“不疯魔，不成活”就是他们的职业精神。

当前，中国企业对所谓“精益生产”“六西格玛”已是耳熟能详，只是多年以来，中国企业只注重企业流程优化、管理系统化，更关注如何与客户建立良好的关系，却恰恰忽视了精益的灵魂——工匠精神。精良产品或服务来自精良的职业锻炼和职业伦理。

我们一味高呼拥抱创新，有时候不如去“创旧”。旧东西做不好、做不精，何言创新？

3. 股市涨跌，人心浮动，其中不乏“工业 4.0”“互联网 +”等概念股。要知道，振兴中国经济，没有匠人精神，所谓创新只是空中楼阁。

“匠人精神”，宽泛而言，是指对工作、事业的精益求精的态度，是把工作或一件事情、一门手艺当作信仰的追求，它并不局限于制造领域或手艺行当，而关键在“精神”二字。《匠人精神》的作者秋山利辉对此做了很好的概括：“一流的匠人，人品比技术更重要，有一流的心性，必有一流的技术。”

当前，在互联网大潮裹挟下的人们追求速成和兑现，不少企业热衷于“上市圈钱”，不少新兴行业忙着赚快钱，抄袭模仿山寨盛行。就说“双创”吧，现在北京中关村创业有个“21 岁现象”，很多大学生大三就开始创业，不少 90 后团队非一个亿的生意不谈。都想当乔布斯、比尔·盖茨吗？台湾有家有名的“四学士牛肉面馆”是由四位大学生姐妹创办的，成为台东游必去之地。大学生卖猪肉在大陆一度是被当新闻嘲笑的。据研究，千年老店最大的共同点之一是都传承了匠人精神，就是把一件普通的事做好做精。日本有家小吃店公元 1000 年创业，只卖一样东西——用竹签串起来蘸酱吃的小年糕。

供给侧改革解决产销不匹配问题。马桶盖现象说明中国企业一是观念上还不能匹配新兴中产阶层对生活的高品质要求，二是追求短平快之风依然，企业赚快钱赚惯了，心踏实不下来。这怎么能不让中国消费者往外跑呢？

中国制造，应升格成中国“质”造。

让一只狗当银行行长都能赚钱的日子结束了

文 | 马光远

《华尔街日报》最近报道：中国最大的几家银行 2015 年的年度利润增速降至 10 年来的最低水平。

中国上市银行 2015 年的年报正在印证这一点：截至 3 月 31 日，16 家上市银行，10 家披露了年报数据。除了五大国有行，还有平安银行、光大银行、招商银行、民生银行和中信银行都公布了 2015 年年报。与此前的市场预期相同，10 家银行的利润增速都大幅度下滑，除了平安银行， 9 家上市银行净利润增速都从以前动辄两位数降至一位数。

而除交通银行之外的工农中建四大国有行的净利润增速更是跌破了 1% 的心理界限。按照五大行的年报，截至 2015 年年末，工行、中行、农行、建行及交行的归属于母公司股东的净利润分别为 2771.31 亿元、1708.45 亿元、1805.82 亿元、2281.45 亿元及 665.28 亿元，净利润增速分别为 0.48%、0.74%、0.6%、0.14% 及 1.03%，而 2014 年这几家银行的净利润增速分别为 5.1%、8.08%、7.9%、6.14% 及 5.71%。

银行名称	净利润	净利润增速	不良贷款余额	不良率2015末	不良率2014末	变动百分点
工商银行	2777亿元	0.5%	1795.18亿元	1.5%	1.13%	0.37
农业银行	1807.74亿元	0.7%	2128.67亿元	2.39%	1.54%	0.85
中国银行	1708.45亿元	0.74%	1308.97亿元	1.43%	1.18%	0.25
建设银行	2288.86亿元	0.28%	1659.80亿元	1.58%	1.19%	0.39
交通银行	665.28亿元	1.03%	562.06亿元	1.51%	1.25%	0.26
中信银行	411.58亿元	1.15%	360.5亿元	1.43%	1.30%	0.13
招商银行	576.96亿元	3.19%	474.10亿元	1.68%	1.11%	0.57
兴业银行	502.07亿元	6.51%	259.83亿元	1.46%	1.10%	0.36
浦发银行	506.04亿元	7.61%	350.54亿元	1.56%	1.06%	0.50
民生银行	461.11亿元	3.51%	328.21亿元	1.60%	1.17%	0.43
光大银行	295.28亿元	2.23%	243.75亿元	1.61%	1.19%	0.42
平安银行	218.65亿元	10.42%	176.45亿元	1.45%	1.02%	0.43
华夏银行	188.83亿元	5.02%	162.97亿元	1.52%	1.09%	0.43
北京银行	168.39亿元	7.78%	86.55亿元	1.12%	0.86%	0.26
宁波银行	65.44亿元	16.29%	23.62亿元	0.92%	0.89%	0.03
南京银行	70.01亿元	24.82%	20.82亿元	0.83%	0.94%	降0.11

数据来源：财经网金融

事实上，中国银行业利润的下滑不限于五大行，也不限于 16 家上市公司，而是中国银行业整体到了利润增速的真正转折点。这个转折点迟早要来，只是在中国经济下滑、去产能及消灭僵尸企业的过程中，银行业利润的下滑伴随着不良贷款的飙升，的确引人关注，也让人有更多的担心和不好的预感。

按照银监会的数字，截至 2015 年四季度末，商业银行不良贷款率 1.67%，较 2014 年底提升 0.42 个百分点，已连续 10 个季度上升。在去库存和清理僵尸企业的过程中，这个数字肯定还会上升。五大行中，农业银行的不良贷款余额为 2129 亿元，不良贷款率 2.39%，比 2014 年同期大幅上升了 0.85 个百分点，成为五大国有银行中第一家不良贷款率超过 2% 的银行。

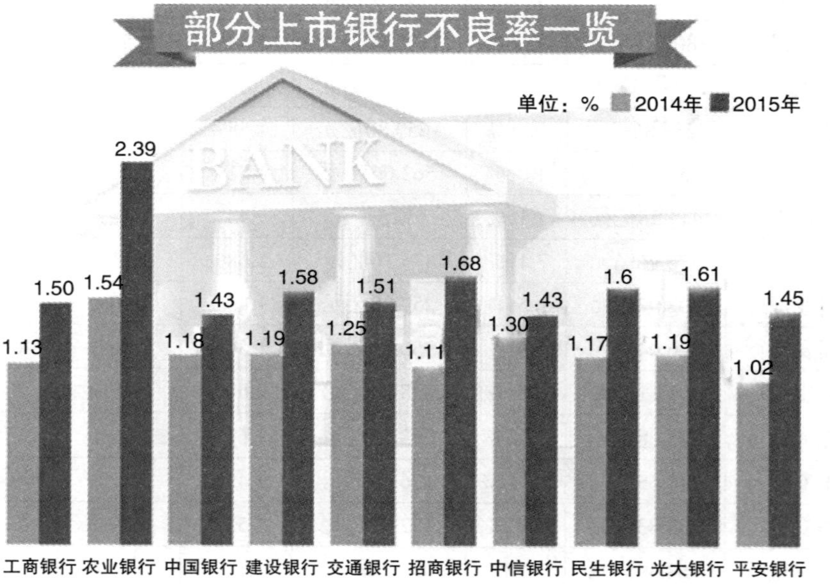

数据来源：中国经济网

面对中国银行业的变局，我看到很多研究报告以“寒冬”来描述银行业的当下和未来。尽管当下银行业的境况并未突然而至，但想想前几年中国银行业的风光，真可谓“冰火两重天”。

从 2005 年完成战略性重组以来，中国银行业告别了过去沉重的不良贷款的包袱，政策的呵护，行政管制限定其他资本的进入，再加上中国经济进入高速增长的周期，使得中国银行业迎来了真正的超白金 10 年。特别是金融危机以来，天量的信贷加上政策保护的存贷差，中国银行业成为全球最赚钱的行业，工商银行的利润甚至比苹果公司的利润都高。

中国银行业一年的利润占到全球银行业利润的 20% 以上，全球最赚钱的 10 大银行，中国至少占一半以上。以至于，民生银行的前高管感叹，赚钱赚得自己都感觉不好意思；以至于，当建设银行给总理抱怨银行也是弱势群体时，连总理都忍不住笑了；以至于，我的朋友姚景源先生说，即使把一只狗放到银行行长的位置上，银行也能赚钱。过去几年，一个冰冷的数字刺痛了中国所有人的心：近 3000 家上市公司中，16 家上市银行赚的利润占到了上市公司全部利润的一半以上，这意味着，中国的公司基本都在为银行打工。

中国银行业的利润下滑，其实既在意料之内，也在情理之中。过去中国的银行业赚钱，一靠政策保护的存贷差。中国银行业 85% 以上的利润都是来自没有技术含量的存贷差，在利率市场化的周期中，存贷差收窄是必然的趋势。中国银行业赚钱，二靠准入垄断。自 1996 年民生银行成立之后，就没有再批准成立民营银行，而在银行业改革的大背景下，各种机构，包括阿里巴巴都成了打破银行垄断的竞争者，各种门口的野蛮人分食了银行的利润。特别是，因为金融业的高利润，吸引了几乎所有资本的进入。在中国，一个企业一旦做大，一定会涉足金融，现在几乎中国所有的互联网巨头都有金融板块，这从某种程度上割去了中国银行业相当一部分的肥肉。

特别是，互联网技术主导的产业革命，对整个金融行业也带来了颠覆性的变化和挑战。移动互联网让中国银行业靠营业网点等获取市场竞争优势的旧有模式彻底沦落。在技术革命下，银行将不再需要那么多实体网点，全球零售银行大规模裁员将成趋势。

花旗银行预计，未来 10 年中，仅欧美银行业将有 30%、近 200 万从业人员将很快失去工作。

巴克莱的预测更加骇人：未来 10 年全球银行业需要裁减半数员工和分支机构，才能在汹涌的科技变革中求得生存。

经济大周期、产业中周期，以及技术革命带来的颠覆，让中国银行业在幻想中基本告别了“躺着赚钱”的日子。中国银行业正在从过去最赚钱的行业沦为中国的风险行业。我本人一直认为，中国经济最大的风险无疑是经济下行周期下的企业债，以及过去多年，银行信贷扩张导致的信贷风险。至于房地产和政府债，属于长期隐患，起码在 2016 年，不会成为风险的爆发点。中国目前的非金融债务与 GDP 的比例已经从金融危机前的 100% 左右升至约 250%，在“去产能”的大背景下，这种蕴藏的风险如果不得到及时处理，很可能引发整个经济体的系统风险。

再说明白一点，2015 年中国银行业的日子看似很惨淡，但更冷的冬天还没有到来。去产能和消灭僵尸企业，一定会拉升中国的不良贷款数字，也会提高中国系统性风险爆发的指数。银行业真正的冬天绝非 2015，而是 2016。一定要认识到中国经济风险的真正所在，重视非金融企业的债务，以及未雨绸缪地处理银行飙升的不良资产。否则，又会陷入像 2015 年股灾爆发之后的被动局面。相对于股市，银行体系一旦出问题，对中国经济的影响将是致命的。

民间投资为什么悬崖式暴跌？

文 | 马光远

2016 年以来，民间投资出现的明显下滑引起了各界的高度关注。

根据国家统计局的数据，2016 年前 4 个月，民间固定资产投资同比名义增长 5.2%，增速比 1—3 月份回落 0.5 个百分点，只有同期固定资产投资增速的一半。和 2015 年年底民间固定资产投资 10.1% 的增速比，差不多被腰斩。其中，下滑最厉害的是东北地区，增速下降了 23.1%，可谓触目惊心。

从民间投资占比看，民间投资占固定资产投资的比重出现了十多年来的第一次下滑。1 到 4 月份，民间投资占全国固定资产投资的比重为 62.1%，比 2015 年同期降低 3.2 个百分点。自 2006 年至 2015 年，民间投资占固定资产投资的比重一直呈现上升势头，在全社会投资比重从 49.8% 上升到 64.2%，但 2016 年突然出现逆转，掉头向下。

民间固定资产投资和全国固定资产增速

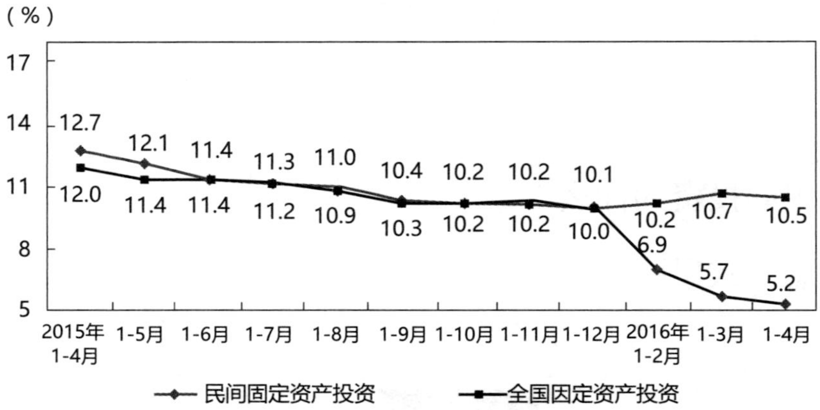

数据来源：国家统计局

在前 4 个月一系列宏观数据反弹的情况下，占固定资产投资比例超过 60% 的民间投资出现暴跌的行情，引发了高层密集的表态：

2016 年 5 月 4 日，国务院常务会议决定对促进民间投资政策落实情况开展专项督查，着力扩大民间投资。要求必须采取有力措施，推动相关政策落地，进一步放宽准入，打造公平营商环境，促进民间投资回稳向好。

2016 年 5 月 9 日，《人民日报》“权威人士”在访谈中，将“民营企业投资大幅度下降”列为当前宏观经济第一位的风险点，排在房地产泡沫、过剩产能、不良贷款、地方债务、股市等的前面。

同日，李克强总理在全国推进简政放权的电视电话会议上，强调要激发非公经济和民间投资活力。提出要抓紧建立行业准入负面清单制度，破除民间投资进入电力、电信、交通、油气、市政公用、养老、教育等领域不合理限制和隐性壁垒，坚决取消对民间资本单独设置的附加条件和歧视性条款，做到同股同权，保障民营资本合法权益。

2016 年 5 月 12 日，国家发改委发言人赵辰昕在记者会上提出，法律未禁止的行业都应鼓励民间资本进入，凡是中国政府已向外资开放或承诺开放的领域都应该向国内民间资本开放。

2016 年 5 月 14 日，路透社援引消息人士透露报道称，中国银监会下发特急通知，要求各地银监局和金融机构开展促进民间投资工作的自查，并于本月 20 日前上报执行结果。

2016 年 5 月 16 日，国务院决定开展对民间投资的第三方评估和专题调研。

如此密集的对民间投资表态，可谓罕见，也说明民间投资的形势比较严峻。

有人说民间投资下滑突然，其实一点都不突然。多年来，对于民间投资的重要性，以及民间投资在市场经济中的重要作用，包括民营企业家的地位和民营经济的平等对待问题，从 2005 年“非公 36 条”开始，每次经济下行，都会出台一系列的新的政策鼓励民间投资。并且多次强调，要促进各类市场主体公平竞争，凡是法律法规未明确禁入的行业和领域，都应允许各类市场主体进入；凡是已向外资开放或承诺开放的领域，都应向国内民间资本放开；凡是影响民间资本公平进入和竞争的各种障碍，都要通通打掉。

但在实际运行中，各种各样的障碍很难打破。谈了几十年的“玻璃门”“弹簧门”“旋转门”的状况，并没有太多的改善，甚至最后到了“没门”的地步。究其根源，无非是某些人对民间投资的歧视心理在作怪。在某些人眼里，民间投资并非像法律所肯定的那样，是社会主义市场经济的重要组成部分，而是视其为二等公民。去产能的时候，首先把指标给民营企业，只有在经济下滑的时候，才想起民间投资。

2010 年的“民间投资 36 条”，对于民间投资进入垄断领域，尽管出台了一系列政策，但由于缺乏操作细则，甚至缺乏诚意，无法落到实处。比如当年铁路开放的时间窗口，是铁路建设缺钱；比如现在搞 PPP，吸引民间资本，但又缺乏对民间投资的保护机制。很显然，如果“鼓励民间投资进入垄断领域”，只能解读为一些垄断企业缺钱，一些行业没人干了，才给民间资本让出来。很显然，这样的鼓励没有任何意义。

对于民间投资和民营经济的发展，笔者多年来认为根本无须出台各种新的政策，而应该检讨多年来我们在民营经济政策执行方面为什么如此不尽如人意。应该解决的是思想和认识层面的问题，而不是一而再，再而三出台新的政策。在我看来，2005 年的“非公 36 条”现在是，将来也仍然是最好的政策之一，将其真正贯彻落实，比出任何政策都好。

认识到民间投资的下滑是制度、认识和理念等一系列因素导致的结果，并努力从这三个层面进行转变，才能重新恢复民间投资的信心。笔者过去一直强调，鼓励民间投资，不仅关系到中国经济的转型大计，也关系到中国未来市场经济的资源配置方式的方向性选择问题。

保育钧先生曾经一语中的地指出，转变经济发展方式，说到底，是转变资源配置方式，改变计划经济条件下权力配置资源的传统方式，让各类市场主体在市场竞争中实现优胜劣汰，让资源向优势企业集中。民间投资是中国经济真正的晴雨表和最重要的信心指数，恢复民间投资的信心，唯有真诚对待，回到 2005 年“非公 36 条”的基调。

中国到了干啥都不赚钱的阶段？

文 | 马光远

高盛经济学家哈继铭曾在一个论坛上表示，“中国已被逼到墙角”“宏观经济的扭曲程度，甚于日韩当年”，中国进入到干啥都不挣钱的阶段。

对于哈继铭在演讲中表达的主要观点，比如债务问题、投资过度的问题，我都完全同意，而且在过去很多年，在很多文章中对中国投资率过高都有过诸多的论述。要说经济的扭曲程度，不要说日韩难比，在世界经济发展历史上都可谓前无古人，后无来者。从 2004 年开始，中国的投资占 GDP 的比重超过了 40%，2003 年到 2010 年，中国经济增长量年均 54% 来自投资。

根据国际货币基金组织的数据，20 世纪 80 年代以来，世界平均投资率波动幅度不大，一般保持在 21% 左右，这意味着，中国同期的投资率比世界平均水平高出约 15 个百分点，近几年则几乎达到了世界平均水平的两倍。现代经济增长历史上，没有任何一个经济体，在人均 GDP 处于如此低位时维持像中国这样高的投资率。投资维持这样的比例，也许在东亚国家有先例，但连续十多年维持如此高的比例，却是绝无仅有的。投资率高，但投资效率在下降，差不多每 4.7 ~ 5 元的资本才能增加 1 元的 GDP 产出，根据克鲁格曼、刘遵义和杨等人的研究，这个比例已经和泰国、马来西亚、印尼和韩国在东亚金融危机爆发前的水平一样。

高投资的背后，是信贷的疯狂扩张，这导致中国产业结构处在全球产业链的低端，并且消费低迷。没有消费，马克思在《资本论》中阐述的资本的循环根本无法完成，这是中国经济根子上出了问题。无论是信贷资源，还是项目资源，相当一部分流向了效益很低的行业，导致了严重的产能过剩。一旦高储蓄和人口红利结束，以低端制造业为支撑的实体经济肯定会进入不挣钱的阶段。而且，在实体经济领域，很多产业早都不赚钱了，而不是从现在才开始不赚钱。

我曾经写过一篇文章分析中国经济赚钱的逻辑。财富的性质和原因的分析，始于经济学的鼻祖斯密。纵观中国企业赚钱的现实和历史，起码，在过去十多年，究竟是哪些企业，靠什么获得了巨额的利润？如果我们对中国企业这几年赚钱的基本逻辑进行梳理，就会发现，这几年，中国绝大多数企业利润的主要来源，大多和垄断、金融以及房地产有关。

在我看来，中国企业和中国人赚钱的逻辑主要有三：

其一，赚垄断的钱

无论是政策垄断型的金融企业，还是行业垄断型的电信企业，以及资源垄断型的石油企业，它们赚钱的逻辑都是垄断。500 强中利润最高的企业，全部由国有金融部门和垄断型国企占据，比如工商银行、建设银行、中国银行、中石油、农业银行、中海油、中移动、中石化、交通银行和中信集团。

其二，靠金融赚钱

大型企业，特别是上市公司，利用自己的优势地位，从银行获取信贷资金，然后充当二道贩子，通过委托贷款、银行理财等形式把资金再贷出去，获取暴利。

其三，投资房地产赚钱

房地产几乎成为很多企业的避风港，很多企业的主业其实不赚钱，但因为有房地产，报表特别好看。

由于垄断、资源、金融和房地产成为现在中国企业最主要的利润来源，中国经济事实上已经出现了笔者所担心的新“四化”现象：资源垄断化、产业空心化、投资虚拟化和经济沙漠化，这“四化”可谓中国经济目前最真实的写照。对于一个经济体而言，如果其财富的性质和源泉主要靠垄断、房地产和虚拟经济，这样的赚钱模式是没有任何根基的，最终会因为实业的萎缩而使得经济呈现“空心化”，整个经济体将演化成一个只追逐财富分配、而不创造财富的“传销化”体系。

一线城市一套房子半年的涨幅，一个工薪阶层即使不吃不喝，10 年的收入都望尘莫及。这就是中国经济当下最真实的现实，这样的现实只会意味着实体经济的继续萎缩，结果是高档产业没有生存的土壤，低端产业只能飘移到其他国家，最后留给中国的，除了一片白茫茫的大地，还有什么？

基于此，笔者支持宏观政策从供给侧发力，强实体，而不是继续制造泡沫，一个国家财富的最终根源只有一个，那就是实体经济创造的财富。靠投资、靠出口、靠高信贷和高债务推动经济规模扩张的阶段已经结束，中国经济必须凤凰涅槃。靠过去的粗放模式已经不可能再赚钱，那就认真地提升中国的产业链，认真地做创新，认真地搞服务业，认真地满足中国中等收入以上人群的中高端需求。13 亿人口里，中等收入以上的起码有 1 亿人，1 亿人的高端需求拱手相让，这是傻到不能再傻的政策。

让中国经济回到常识吧，纵观千年世界经济史，我们从来没有看到过一个国家能够靠房地产和金融把财富游戏一直玩下去，中国也不会例外。

坚持做实业的企业家不是傻子就是疯子

文 | 马光远

人生最大的问题是选择风口。选对了风口，无论你是什么，你都会在风口飞起来。选错了风口，人生等于一场悲剧。

2000 年左右，有一个人把自己在深圳的房子卖了，然后创业做实业，前两年终于做不下去了，又把自己做了十多年的企业卖掉，卖了 400 万，然后以这 400 万作为首付，把十多年前卖掉的房子又买了回来。买回来不到两年，他的房子在新一轮的房价飙涨中翻了 2 倍，房子两年的增值比他过去十多年做实业赚的钱都多。这个故事是想告诉大家，过去十多年，中国财富的风口在房地产，房地产成为中国聚集财富和资源最多的行业。

与本轮房地产再一次狂飙猛进相对应的，是中国民间投资在 2016 年前 5

个月的悬崖式暴跌。在一季度民间投资的数据大幅度下滑的时候，笔者曾经在专栏文章《民间投资为什么悬崖式暴跌？》中有过专门的分析。

根据国家统计局的数据，2016 年前 5 个月，民间固定资产投资同比增长 3.9%，几乎相当于固定资产投资增速的 1/3。和 2015 年年底民间固定资产投资 10.1% 的增速比，可谓真正的悬崖式暴跌。民间投资占全国固定资产投资（不含农户）的比重为 62.0%，比 2015 年同期降低 3.4 个百分点。其中，经济处在困难中的东北地区，前 5 个月的民间投资的增速暴跌 29.3%。

民间固定资产投资和全国固定资产投资增速

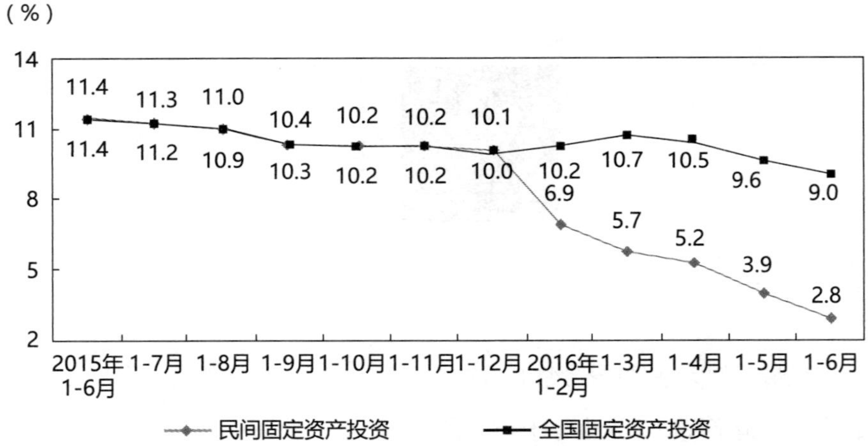

数据来源：国家统计局

高层对于民间投资的下滑极为重视。2016 年 5 月 9 日，“权威人士”在谈及中国经济大势时，将“民营企业投资下滑”列为当前中国经济的第一风险。国务院在 5 月份派出督查组调查民间投资下滑的情况，一个月后，他们在国务院常务会上向总理交卷。

据说这次国务院常务会的主题只有一个，就是民间投资。会议开了 3 个多小时，在谈及民间投资下滑的原因时，媒体是这么报道总理的反应的：

“大家都应该认真看看这张表，真是让人感到既可笑又可悲！”李克强翻阅着手中的督查报告感叹道。总理所说的，是国务院督查组报告中所附的数张表格，其中列举了一家民营企业新建一个项目需要的 90 项行政审批事项，以及日常经营中需要的 56 项审批事项。

“有些项目，我们的政策规定得很清楚，只要不在禁止名单内，企业就仅需备案，为什么还要在前面再加上一个‘确认’，还要再继续审批？”总理指着表格的栏目连续追问，“这么多审批项目、涉及这么多部门，有些都是重复审批。企业的制度性交易成本太高了，民间投资怎么能不难呢？”

总理最后说：“我们要多倾听民间呼声，多办便民之事！”“该取消的审批就要彻底取消，该给市场的权力就要完全放给市场！”

从国务院督查组调查的民间投资下滑的原因看，不外乎老生常谈的鼓励民间投资的法规政策不配套、不协调、落实不到位；民营企业在市场准入、资源配置和政府服务等方面难以享受与国企同等待遇；融资难融资贵、缴费负担重；一些干部不作为、不会为、乱作为，少数地方政府失信等。

但在我看来，这些原因其实只是表面现象，因为这些原因一直存在。为什么之前民间投资一直在高速增长，而到了 2016 年，却出现悬崖式暴跌呢？背后的真正根源，是中国经济进入“无人区”，依靠过去的模式投资实业，投资一些建设领域，根本不赚钱了。不赚钱了，所以民间投资不再去追加投资。

再说明白一点，民间投资这个时候下滑是正常的，是理性的。当投资实业不赚钱的时候，还硬着头皮去投资，那才是疯狂和非理性。

当然，冰冻三尺，非一日之寒。民间资本不愿意投资实业，早在本轮金融危机爆发之初就迹象非常明显。以笔者 2009 年在江浙一带的实际调研为例，高达 70% 以上的民间资本选择投资房地产和股市，而只有不到 5% 的人选择从事制造业，这和上世纪 90 年代民间资本争相投资实业的情形形成了鲜明的对比。

对实业的冷落不单单是民间资本，近几年，大量的国有资本也游离在股市和楼市。每年的财富榜上，房地产、金融和资本市场的大亨屡屡上榜，从事实业的则黯然失色，这成了转型中国的一道独特的经济风景线。

中国的企业家为什么对实业失去兴趣，原因非常复杂。

首先，宏观环境和产业政策的恶化，使得民间资本无法进入一些产业领域。民间资本在电力、热力的生产和供应业中只占 13.6%，在金融业只占 9.6%，在交通运输、仓储和邮政业只占 7.5%，在水利、环境和公共设施管理业只占 6.6%，至于在石油、电信、铁路等领域，所占比例几乎可以忽略不计。

而一些地方政府以重组整合的名义将民间投资挤出煤矿等领域，将民营资本逐出。即使一些竞争领域做得相当不错的实业家，如汇源果汁等，也因为环境因素都急于退出实业，鲜有做百年老店打算的。

其次，中国楼市和股市的不理性使得中国到处蔓延着急功近利的歪风邪气。民间资本、国有资本和外资都争先恐后进入房地产业，在房价暴涨的情况下，进入房地产一个月的收益都远高于辛辛苦苦做实业一年的收益，做实业成了最没出息的选择。曾记得，当年几乎中国的中央企业都争相杀入房地产，即使在国资委出台退出令的情况下，也没有扑灭他们对房地产的热情。

笔者多次强调，对于一个经济体而言，如果其大多数资源集中在房地产和股市等虚拟领域，则意味着关系国计民生的实体产业和高新技术领域的资源将逐步萎缩，最终经济将呈现“空心化”，整个经济体将演化成一个只追逐财富分配，而不创造财富的“传销化”体系。对于中国经济而言，当前最大的危险即在于此。

而大家之所以如此，无非是因为做实业的环境太差，做实业赚不了钱，做房地产和搞资本运作实在太爽。当然，这错不在企业家，在房地产暴利存在的情况下，企业家是很难安心做实业的。在房地产很赚钱的情况下，在央企纷纷制造地王的情况下，如果一个人能够坚守不去染指房地产，在我看来，不是傻子，就是疯子。

看懂中国经济

文 | 王福重

传统宏观经济学的核心，就是一句话，在短期，也就是价格水平比较稳定的时期，宏观经济状况，由总需求（有效需求）决定，而与总供给无关。经济政策的核心，就是增加总需求。

商品的市场价格围绕着价值上下波动

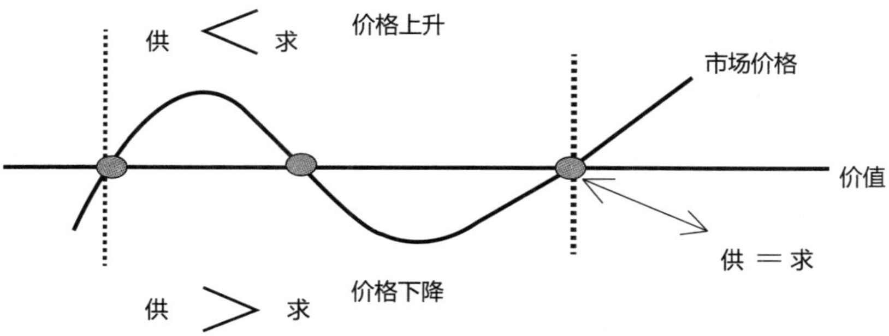

近年来，中国经济的突出现象，是经济增速下降，价格水平走低。直接的原因是产能过剩，进一步说就是总供给过剩。

过去不过剩，或者察觉不到。是因为出口多，国内产品供给全世界之用。但 2008 年美国金融危机，以及其后的欧洲主权债务危机，除中国之外其他新兴经济体的危机，造成中国出口不振，2016 年上半年出口就下降了 6% 左右。

进出口：进出口均下降，国际环境不稳定导致出口继续承压。

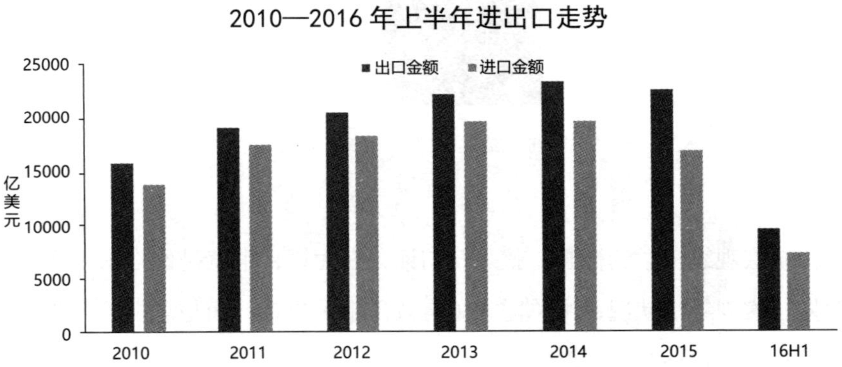

数据来源：CREIS 中指数据

出不去的产品，在国内消化，但国内也没有需求亮点。

消费需求比较平稳，与经济增长基本同步。消费由可支配收入决定，也受制于边际效用递减规律，即随着收入的增长，用于消费的部分变少，用于储蓄的部分增加。在经济增速下降时，可支配收入增长受到限制，更抑制了消费增长。

经济增长的主要拉动因素，是投资需求。投资下滑是经济下滑的主因。分部门（政府、国有企业、民营经济、居民）看，四个部门中，政府和国有企业的投资一直在增长，但民营企业的投资，波动很大，2016 年还出现了少有的负增长。民营部门创造了全部 GDP 的 3/4，也是投资的大头。既然如此，为什么经济还能有不错的增长，2016 年头两个季度达到 6.7% 呢。一是政府投资和国企投资的支撑，二是，居民对房地产热情高涨。

民间固定资产投资和全国固定资产投资增速

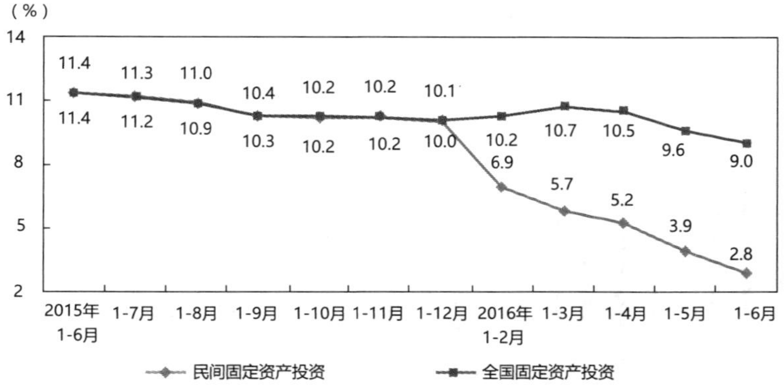

2016 年上半年，民间固定资产投资 158797 亿元，同比增长 2.8%，增速比去年全年回落 7.3 个百分点。民间固定资产投资占全国固定资产投资（不含农户）的比重为 61.5%，比去年全年降低 2.7 个百分点。

那么，未来几年中国经济怎么样？这取决于总需求的增加。因为在接近通缩的条件下，总需求永远是总供给的一部分，可以放心扩大总需求，不必害怕通胀来临。

国外需求方面。货币多，非中国独有。欧洲央行、英格兰银行、日本银行等，都在放水，实行宽松的货币政策。美联储最近 10 年基本也在放水，2016 年的加息只闻楼梯响，不见人下来。

美国经济几乎是一枝独秀，大约 2% 左右，而欧洲为 1%，日本为 0 上下，也是通货紧缩。根本上说，美国经济好，是因为美国是大国中唯一一个人口和劳动力始终保持正增长的国家，而欧洲、日本则是低增长或者负增长，全球经济陷入低增长和通货紧缩，也就是全面日本化，是大概率事件，美国一枝独秀难堪全世界的不景气。在这种情况下，国外需求不可能膨胀，不能指望出口明显好转。

经济：经济发展基础不稳，制造业信心仍略显不足。

2010—2016 年二季度 GDP 同比及 PMI 走势

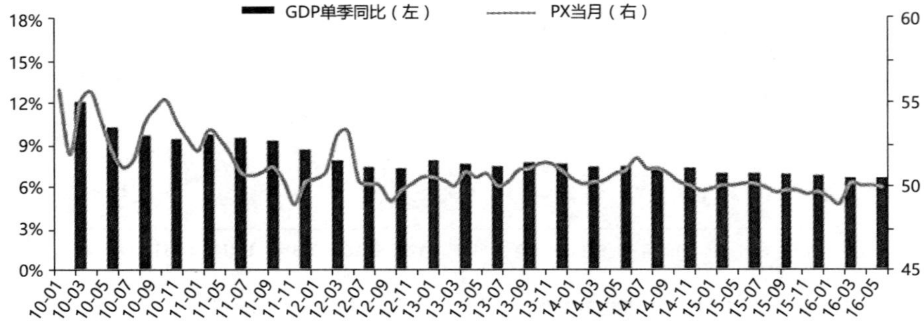

数据来源：CREIS 中指数据

2011—2016 年 6 月固定资产投资、房地产业投资及基建投资同比增速

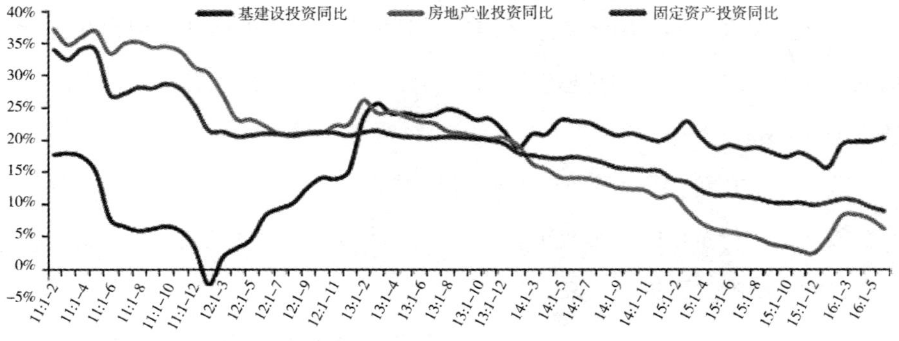

数据来源：CREIS 中指数据

2011—2016 年 6 月民间固定资产投资及固定资产投资同比走势

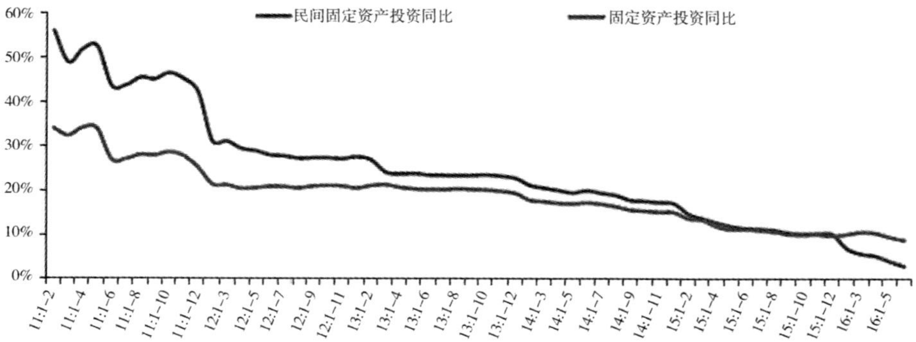

数据来源：CREIS 中指数据

国内需求方面。中国也存在人口老龄化和劳动力人口下降的问题，老年人多了，总需求会萎靡。国内总供给大于总需求的格局，将长期存在。扩大国内需求，主要着眼于投资需求。

如果能刺激起民间部门投资，当然是多赢局面，但坦白说，不敢乐观。经济前景不明之际，对国企的依赖情绪会上升，这正是最近国企改革提速的原因。民营经济正在遭受种种不利的冲击，不时听到破产的消息。理论上，在货币放水，利率低，而投资的减函数，民企获得资金，投资应该容易。但受制于大家可以理解的限制，民营部门的投资能力和意愿都不强，是无米之炊。

扩张政府投资是一个非最优但必然的选择，政府投资有浪费，还有其他毛病，但就短期来说，还离不开。不见欧洲、日本，美国政府的债务都在扩大。很简单，低利率甚至负利率时代，政府借钱容易了，人们也愿意购买国债，比如美国国债的收益率甚至出现负值，仍然有人买，因为有通货继续紧缩的预期，投资或者购买其他资产风险太大。政府债相对安全。

利率低，就是钱便宜，为什么不多借呢？政府借债和私人借债有本质的不同，政府可以强制课税还债，又可以在代际间转移债务。而政府向本国居民借债，是没有实际经济负担的，不过是左手欠右手的，不用偿还至少不必急着清偿，只要可以不断借新债。对于政府债务的担心是多余的，哪个发达国家不是债台高筑？这只是资源利用的一种方式罢了。

政府借的债，最好用于基础设施，现在中国的城市和农村，基础设施欠账很大。比如一下雨，城市就成泽国。总体看，中国政府的债务水平很安全，赤字（赤字和债务简单说就是流量和存量关系）占 GDP 不过 3%，扩大到 5%，应该还在安全边际。

但国企的债务已经累积到较高水平，很多僵尸企业也获得大笔资金，是产能过剩的主要来源。因为长期看，民营企业不会保留过剩的产能，而国企就是另外一回事了。

跟政府一样，居民也该多借债，主要用于房地产投资。现在，有一种恐惧症，总以为房价要崩盘，各方谨慎有余。2016 年上半年，新增贷款，几乎全部是居民按揭贷款。这说明，房地产市场是基本健康的。有人总拿中国和日本比，扬言中国房地产要步日本泡沫破裂后尘，事实恰恰相反。不说其他，问中国城市居民，有了钱想干什么，第一应该是买房。这种偏好，几乎为中国人独有，也是目前经济环境下居民投资最优选择。我们还要感谢他们对房地产的情有独钟，幸亏还有这个不请自来的投资渠道，否则经济数字恐怕会很难看。现在，一些二线城市，又在考虑限贷限购，这是计划经济思路，作茧自缚。

一个经常问及的问题是，房价会永远涨吗？肯定不会，实际上地球也不会永远存在，但短期内应该是安全的。所有投资都是赌博，没有无风险的买卖。但不投资的风险最大。

同时，可以考虑减税，发债以及国有部门的利润，可以维持财政正常开支，减税完全可能，而减税可以增强企业活力，现在企业普遍感觉税负重，营改增后还有增大的趋势，这是不好的信号。减税更是必要的。

一切政策的最大特点，是顾短不顾长，太长久的事，想都想不清，先过了眼前的难关再说。至于将来，要相信车到山前必有路。

关于中国经济，你应该知道的十个真相

文 | 马光远

首先声明，我无意唱空或者抹黑中国经济，只是认为，有必要更客观地看待中国过去近40年的时间里真正取得的成就、原因和差距。因为我发现，有很多人其实并不了解中国为什么取得成功，以及中国还有哪些不成功。

1. 关于经济增长

中国经济增长的故事一直被视为“奇迹”，但事实上，中国过去40年的增长故事和东亚很多快速增长经济体没有太大的区别，都是依靠投资和出口。把中国放在东亚快速增长经济体中，中国不算最成功的。如果按照人均GDP的增长去衡量，韩国、日本和中国台湾都用了不到30年的时间，就跨越了中等收入陷阱，成为发达经济体。而中国用了近 40 年的时间，在人均 GDP 上取得的成就远远落后于韩国、日本等经济体。这是事实。

而且，中国能否跨越中等收入陷阱，仍是一个未知数，中国经济面临的挑战远远大于当年日本、韩国等国家。说中国经济的增长并非是什么奇迹，就是告诉大家，中国人很聪明，只要学习别人成功的经验，就一定也能取得成功，但不要认为中国走了一条和别人不一样的道路。

2. 关于经济改革

中国改革进入到了深水区，民众对改革能否取得实质性进展充满了焦虑和不安。因为大家深知，中国的前途和命运维系于改革的成败。每一次改革面临困境的时候，经济学家都会鼓吹什么“顶层设计”。其实了解中国改革历史的人都知道，中国的改革绝不是“顶层设计”出来的，而是真正一步一步探索出来的。1978 年农村改革，是农民冒着杀头的危险干出来的，中国的乡镇企业，完全就是中国农民创造出来的奇迹。

中国很多成功的改革，都是在实践证明正确之后，领导中国改革的人物很聪明地加以承认。记住，改革从来都是干出来的，不是“设计”出来的。小平同志的“猫论”为什么伟大，就是小平同志如此伟大的人物，都很清楚，我们没有能力设计什么改革方案，只能顺应历史潮流，顺应民间的首创精神。尊重老百姓，这是过去领导人最伟大的地方，也是中国改革最成功的地方。

3. 关于民营经济

2016 年，民间投资断崖式下滑，我在多篇文章中说，这是中国经济最大的危险。因为过去近 40 年，中国经济增长超过 60% 的贡献来自民营经济。中国经济取得成功的关键是民营经济这个“增量”部分释放出来的生产力，而不是来自存量的国有企业。

过去有一个说法，中国的国有部分占有近 70% 的资源，但创造的 GDP 不过 30%，而中国的民营企业占有不到 30% 的资源，创造的 GDP 却接近 70%。你别看全球 500 强、中国 500 强，最赚钱的、排名最靠前的基本都是国有企业，但他们对中国经济增长的贡献和他们占有的资源比，的确太少了。一旦中国经济最重要的拉动力民营经济出了问题，中国经济就真的麻烦了。

4. 关于中国模式

对于中国经济过去取得的成功，有人将之概括为“中国模式”，以区别于过去一些转型国家赖以成功的“华盛顿共识”。有人认为，中国在政治体制改革没有推动的情况下，在市场经济不完善的条件下，经济增长如此成功，是有别于其他国家的一种新的模式。事实上，我从来都不认为存在什么“中国模式”这种东西。

中国经济之所以取得成功，仍然是因为中国推动了市场化的改革，中国经济的一切奇迹都应归功于市场化和开放政策，而不是因为中国真的具有特殊性。如果说真的有奇迹的话，那一定是市场经济的奇迹，在国企主导，垄断遍布各个领域，政府对经济的干预非常多的情况下，市场经济仍然在石头上开花结果。中国未来转型的道路仍然只有一条，就是市场化改革！千万不要把经验总结错了，千万不要以为经济发展有独特的道路。

5. 关于中国房价

中国房价不是开发商炒高的。自 1998 年市场化以来，中国房地产行业的发展总体是成功的，解决了超过 7 亿城镇人口的居住问题，使得中国人均居住面积已经达到了 35 平方米以上，基本解决了住的问题。然而，由于中国房地产市场化改革的半拉子特点，特别是土地一级市场的高度垄断和控制，中国土地出现人为的短缺。我在过去的文章中一再强调，中国不缺住房用地，住房用地的短缺完全是人为导致的。土地饥饿营销再加上货币放水，导致了中国房价的快速上涨。

过去 10 年，中国最成功的财富故事就是关于房地产的。房地产这个行业是中国最奇葩的行业，人人都在痛骂，人人却都加入这个财富的游戏，为了抢房子，祖孙三代结伴去欢天喜地地离婚。这个行业从一开始政府几乎每年给吃药，调控了十多年，吃药吃了十多年，但这个行业仍然取得了巨大的成功和发展。我们很少见到哪一个行业像房地产一样，是不断吃避孕药，却不断地结出财富的果实。房地产行业就像一个很有姿色，但名声不好的女人，地方政府每年都在严肃地指责她，但私下里又和她不断暗度陈仓。

记住我的那句话：如果这个世界上只有一种爱是真爱，那一定是中国地方政府对房地产的爱。爱得特别深，特别真，不抛弃，不放弃，你若安好，便是晴天！只要这种爱还在，你就不要期待地方政府和这个坏女人真正断绝关系。

再次声明，写作此文的目的是为了探讨中国经济在过去近 40 年的周期中为什么成功，有哪些不成功，以及未来破局的路径选择，绝不是为了唱空中国经济。其实，对于中国这样超过 10 万亿美元规模的经济体，如果被“唱”空了，那简直就是个天大的笑话。

6. 中国人口太多了吗?

人多导致资源紧张是中国经济现实的天大谎言。现代科技和现代经济史告诉我们，资源的紧张绝非因为人口众多，而是因为生产力的落后。过去 30 多年，中国经济靠低廉劳动力的推动，今天中国经济，特别是制造业面临的困境，根子在于低廉劳动力的丧失。当下中国人口政策面临的最大问题绝非人口太多，生育率太高，而是在人均收入水平仍然处于中等偏下、城镇化远未完成的情况下，人口生育率过低导致人口红利提前终结，和由此带来的老龄化等一系列社会经济问题。

关于中国人口的低生育率，这几年经过社会各界较为充分的讨论，逻辑已经逐渐清晰。无论是官方的人口普查数据，还是专家学者的预测，目前中国的总和生育率不仅大大低于很多发展中国家，更是低于英法等欧洲传统的低生育率的发达国家。中国社会科学院发布的《经济蓝皮书：2015 年中国经济形势分析与预测》认为，中国目前的总和生育率只有 1.4，远低于世代更替水平 2.1，已经非常接近国际上公认的 1.3 的“低生育陷阱”。这种超低生育率，无法完成马克思所讲的基本的人口再生产的任务。

低生育率的结果，是中国劳动力人口转折点的提前到来。根据国家统计局的数字：2012 年，中国 15 ~ 59 岁的劳动力年龄人口第一次出现绝对数量的减少。当年绝对减少劳动力人口 345 万，2014 年减少了 371 万，目前已经是连续三年绝对减少。照这个趋势，即使按最乐观的估计，在 2010 年到 2020 年，中国的劳动力人口累计将减少近 3000 万人。

特别是，随着人们生育习惯的改变，越来越多的 80 后、90 后根本不愿意多生孩子，这意味着未来中国的人口很可能出现断崖式下滑。过去，中国的一些人口学家总是吓唬中国会出现人口爆炸，所以在生育政策上出现了从单独放开二孩到全面放开二孩的变化。实际上，现在全面废除计划生育，鼓励人们生育，已经没有多少人生孩子了。人口问题的确是中国一切经济问题的根源，制造业竞争力的下滑，根子在人口。

7. 中国会重蹈日本覆辙吗？

关于中国经济的未来，经常听到经济学家警示：中国要避免重蹈日本覆辙。我其实一直认为，中国要是真的重蹈日本覆辙，那是很幸福的。日本在泡沫经济破灭后，经历了所谓的“失去的二十年”，经济陷入停滞。但日本的人均 GDP 在 2012 年曾经高达 4 万多美元，在 2015 年达到 3.2 万美元，是中国的 3 倍。日本产业的国际竞争力远高于中国，日本经济的创新力排在全球第一梯队，日本的中小学教育至少比中国先进半个世纪，日本人均在海外拥有的资产在全球遥遥领先。

由于日本的海外投资战略，在日本人口老龄化的情况下，日本拥有来自全球的净资产收益。如果中国重蹈这样的覆辙，我100个愿意！中国国内对日本经济和日本的竞争力缺乏正确的认识，无论是过去，现在，还是将来，日本仍然是中国最好的老师。如果说中国真的要警惕重蹈日本的覆辙，绝不是什么经济停滞或者房地产泡沫，而是日本的人口覆辙。日本人口的减少，是日本国力发展的最大敌人。

8. 中国制造真的全球第一吗?

2009年，中国超过美国成为全球第一制造业大国。从大国兴衰和变迁的历史看，一个国家成为全球第一制造业大国，是这个国家成为全球第一经济大国的必要条件。英国超过中国成为第一制造业大国，美国超过英国，都意味着全球经济权杖的转移。然而，和当年的英国、美国比，中国的第一制造业大国更多的是制造业全球漂移、美国等制造业强国把生产外包的结果。

我们所言中国是第一制造业大国，是按照GDP算的，如果按照GNP计算，中国制造业的规模将大大低于美国。道理很简单，iPhone在中国生产，按照GDP算中国制造，但如果按照GNP，则绝大部分的产值应该归美国。大量按照GDP计算的高科技产品，汽车、手机、电脑等，按照GNP将从中国的产值中刨去。所以，争论中国是不是制造业第一大国，不仅仅是产业竞争力、创新能力，甚至在规模上，我们都很难讲，中国真的是第一。

9. 中国股市为什么不是经济的晴雨表?

忍不住把中国股市列进十大问题。尽管我过去一直强调，中国股市属于文学和艺术的范畴，和经济学没有任何关系。但是，当听到中国证监会最近准备拿股市来扶贫，贫困地区的企业上市不需要排队的时候，再次说明了中国股市的不容易。

很多人总是认为，中国搞得最失败的是两件事：一是足球，一是股市。足球我同意，股市我一万个不同意。中国股市不仅仅不失败，就其承担的历史使命而言，其完成得非常出色！中国股市一开始是为了国企改制，帮助国企融资而诞生的，国有企业从股市圈那么多钱，你认为很失败？大量的企业从股市不断低成本地圈钱，中国股民很少为此闹事，多成功！我经常觉得，中国股民应该入选感动中国人物。每次股灾，他们都把责任揽自己头上，认为是自己过贪，愿赌服输！这次股市又有了新的使命——扶贫！我担心大量没有上市的企业紧急把企业搬到我老家去！

10. 中国经济会硬着陆吗?

答案很明确：中国经济硬着陆是个伪命题。

中国经济远没有到大周期走下坡路的时候。中国经济过去 30 多年最大的动力是什么？是改革开放，是人们对金钱和财富观念的改变，是鼓励大家创造财富，鼓励大家爱钱。只要中国不胡折腾，只要中国人爱钱的本色没有改变，只要让中国人心无旁骛地喜欢钱，我从来都不认为中国经济会出大问题。就长周期而言，全球经济中，最有希望、最有想象力、最具潜力的仍然是中国经济。十多亿中国人对金钱的图腾崇拜是经济发展不竭的动力。

这个因素将影响中国未来30年

文 | 时寒冰

特别说明

时寒冰第一次提出了第五次产业大转移的论点，以此来对照中国经济当下所面临的问题，就有了更明确和直观的答案。

如果站在全球的视野去看待一个经济体的发展趋势，更能一览全貌。

诚如我在《时寒冰说：未来二十年，经济大趋势》中所言，中国经济在2016年步入新的发展周期，做实业的人越来越感觉到盈利甚至生存的艰难，压力越来越大。是他们不够努力吗？不是。这个情况是冬天最寒冷的时候吗？不是，现在只是刚刚开始入冬。因为，一种强大的力量正在施展着它的巨大影响力，而且，这种影响力将至少持续20到30年以上。这种力量将使得一些国家变得更为强大，也使得一些国家深陷经济危机之中难以自拔。

这种力量就是正在发生的全球第5次产业大转移。

我们不妨简单回顾一下：

1. 第一次产业大转移

18 世纪 60 年代，英国通过用机器山寨中国的纺织技术，开始了轰轰烈烈的工业革命。工业革命让英国逐渐成为“世界工厂”，它需要从全球掠夺廉价资源，也需要开辟广阔的市场。19 世纪 40 年代，英国开始向外转移产业，英国是输出国，美国是被输入国。这是第一次产业转移。这次产业转移成就了美国，使得美国最终超越了昔日的这个“日不落帝国”。

2. 第二次产业大转移

20世纪50年代，冷战如火如荼，美国为了培育自己的盟友，遏制共产主义阵营，开始向日本和原联邦德国实施产业大转移。而朝鲜战争的爆发，形成了“特需经济”，不仅加快了美国对日本产业转移的步伐，也优化了所转移产业的结构，成就了日本和原联邦德国的发展，让日本和原联邦德国成为了新的“世界工厂”。

3. 第三次产业大转移

日本经济发展到一定程度的时候，遇到了当年英国同样的困惑：资源不足而且市场狭小。这引发了新一轮产业大转移。20 世纪 60 年代，日本开始将劳动密集型产业向中国香港、中国台湾、新加坡和韩国转移，随着产业转移的升级，又逐步扩展到了汽车、电子等资本密集型和技术密集型产业，这使得“亚洲四小龙”成为新的世界工厂。

4. 第四次产业大转移

“亚洲四小龙”都面临着资源不足、市场狭小的问题，随着它们的迅速崛起，迫切需要廉价资源与广阔的市场。而中国改革开放，正好提供了这种机遇。这使得美国、欧洲、日本、“亚洲四小龙”都向中国转移产业尤其劳动密集型产业，由此让中国成为新的“世界工厂”。

中国成为这次产业转移的最大受益者，而日本则从 20 世纪 90 年代开始步入所谓“衰退的 20 年”。其中一个重要原因，日本是第二次和第三次产业大转移的重要输出国，当“亚洲四小龙”、中国等在技术等各方面追赶上来，挤压了日本产业的发展空间，使日本的优势地位受到冲击。

5. 第五次产业大转移

这次产业转移始于 2012 年后（2012 年是中国经济的一个重要转折点），根据产业大转移的规律，将持续 20 到 30 年甚至更长远。

改革开放后，中国的制造业迅速崛起，技术飞速发展，尤其从 1992 年到 2002 年，使得大批优秀的制造业企业脱颖而出。但是，2003 年把房地产定为支柱产业以后，中国的产业结构发生了天翻地覆的变化：从追求技术的精进，开始向围绕房地产展开的高耗能低端的产业发展，房地产业成为最赚钱的行业，宝贵的资源和人才从制造业密集向房地产领域集中，不仅造成钢铁、水泥等低端产业的严重过剩，也使得中国制造业的机会成本越来越高，许多人关掉工厂加入到炒房的队列——做工厂十年不如炒一套房挣钱多，就是最明确的价值指引信号。

这使得中国的制造业不再具有优势。高房价导致中国的生产、经营、生活等成本大幅上升，许多低端制造业开始向东南亚国家转移。

另一方面，以日本、美国为首的机器人技术的高速发展，和以美国为首的 3D 打印技术等先进技术的发展，减少了对劳动力的使用，这大大弥补了发达国家劳动力成本高的劣势，从而导致了高端产业从中国向美国、日本、欧洲等发达经济体回流。

也就是说，第五次产业大转移的输出国是中国，并且，这种输出是双路线的：低端的产业向东南亚相关国家转移，高端的产业向美国、日本、欧洲等发达经济体回流。

根据产业转移的规律，这种产业大转移的持续时间至少也在 20 年以上。这将对中国的未来发展产生极其深远的影响，我们可以参考日本在两次产业大转移后所面临的窘境，来知道我们正在面临的挑战。

当然，我们有新闻联播所展现出来的积极的力量，各级政府有维持房地产业屹立不倒的丰富经验，我们就有充分理由相信，中国将能够以完美的姿态迎接无论多么严峻的挑战，从而使得中国在这次轰轰烈烈的产业大转移中，不仅不受损还能成为受益者——这是我的中国梦。

为什么买日货的人更爱国（上）

文丨王福重

1. 人靠交换生活

所有人都是靠交换过活的。城里人每天的早点，面包、牛奶、鸡蛋，都是市场里买来的，不是自己产的。农民的粮食一部分是自己产的，但衣服、孩子的教育等，也得靠买。购买就是用收入交换产品，背后是用自己的资源（劳动力、资金、技术等），交换别人的资源。

就是乞丐，也离不开交换，因为讨来的东西，不见得是自己想要的，这也需要拿自己的东西再跟别的乞丐交换才行。

2. 所有国家都需要进口

国家之间也一样，必须交换，也就是进口和出口。买别的国家的产品或者服务（如出国旅游）就是进口。因为：

第一，任何一个国家的资源都是有限的，而人们的需求却是多样的。这决定了任何一个国家都不可能生产该国所需要的一切商品和服务，这就意味着进口。

例如沙特阿拉伯，就需要进口粮食，沙特没有土和水，自己生产，得把沙漠变成绿洲，资源代价将是十分高昂的，远不如把资源用于石油开采，然后出口石油，进口粮食来得容易。所以，对沙特来讲，进口是最便宜的解决吃饭的办法。

第二，退一步讲，即使一个国家拥有各种资源，能够生产所有的商品和服务，也不应该什么都生产。因为，任何一个国家都不可能在所有商品的生产上具有绝对优势，即生产的直接成本都低于所有其他国家，如果一定要在每一种商品生产上亲力亲为，同样造成资源的浪费。

第三，更重要的，也更有意思的是，经济学还可以证明，即使一个国家在所有产品的生产上，都具有绝对优势，也不应该样样都生产，而是只生产一部分。这就是著名的“比较优势原理”。比较优势原理证明的是，任何一个国家，即使在每种产品的生产上，都有绝对优势，也绝不会样样有比较优势。它只应生产具有比较优势的产品，让别人生产其他产品。只有这样，国家的福利才会更高。

所以，任何国家，不管生产水平、技术水平有多高，都需要进口；不管一个国家的技术水平多低，也可以根据比较优势生产、出口产品。所以，中国和日本都可以从进口中获益，日本需要从中国进口，虽然它在许多方面的技术水平高于中国，中国也需要从日本进口，虽然自己能生产。如日本从中国进口大葱，中国从日本进口汽车等。

3. 直接生产和间接生产

进一步说，生产有两种方式：直接生产和间接生产。比如生产电视，一种是装配相应的流水线，招来具有相应技能的工人，最后生产出电视机；还有一种，是不生产电视机，而生产其他产品，例如药，然后将药出口换回电视机，这就是间接生产，即进口。

究竟采取直接还是间接生产方式，取决于哪种生产方式在看电视的费用上更低，也就是更节约资源。如果通过生产药进口电视，所需要的资源少于直接生产电视所需要的资源，那么就不应该直接生产电视而应该进口。美国人发明了电视，而且可以生产最好的电视，但是美国早已不再生产电视，而日本也基本没有大的制药企业。

中国从日本进口部分商品，说到底，是因为进口这些日本产品，可以更好地发挥我们在别的商品上的比较优势，可以节约我们的资源。或者说，我们进口日货，是在自主自愿的基础上进口。

4. 来自日本的货

有些日货，是从日本本土进口的。均衡点上，我们在从其他国家进口产品的同时，也从日本进口了一些。从日本进口商品是我们自主自愿的选择，不是战争状态下被刺刀逼着买，进口日本产品不是为了日本的利益，而是对自己有利，也就是说，在其他条件不变下，买日货比不买日货，即只从其他国家而不从日本进口，不如同时从其他国家和日本进口对我们更有利。

这是因为，有些中国人对于某些日本产品有特别的偏好。如中国的小朋友喜欢《聪明的一休》《铁臂阿童木》《名侦探柯南》等动画片（只看国产的那些动画片，孩子们会更聪明吗？），一些爱美的女士喜欢SK-Ⅱ等等（要不一律用国产的大宝？），如果不允许进口，这部分中国人的福利就会受影响。

尽管我们消费某些日本的产品，在一定程度上有利于日本的企业，但是任何自愿的市场交换，最差的结果是增加一方的利益，而没有损害另一方，一般的结果是双赢的，否则该项交易无法产生。

同时，通过从日本进口，我们就能将本来稀缺的资源，集中于更具有比较优势的行业和产品。由于具有比较优势，这些行业就不断扩大，就可以大量出口，自然就提高了整个国家的就业水平。比如，美国当初就放弃了电视机、计算器、钢铁的生产，而扩大了它最具有比较优势的信息产业、金融业和服务业，美国的就业人数一直在增加。

5. 更多的日货是国货

还有一种日货，也是占更大比例的日货，是在中国本土，由在华的日资企业所生产的。例如东芝笔记本电脑就是在上海制造的；索尼电子的许多零部件都是在广州和上海等地生产的；佳能的光学仪器又都是在江苏等地投资生产的。

这种本地化的生产就更直接地扩大了当地的就业，促进了当地的经济发展。当今社会，政府面临的最大问题就是增加就业，如何解决失业困扰。迄今为止，日本在华投资企业已有两三万家，投资额几百亿美元，有几百万中国人在日资企业。

在此情况下，如果“抵制日货”果有成效，那么在日资企业的中国员工就会失业，政府解决就业的难度就更大了。

只要是在中国本土生产的东西，无论是日本的品牌，还是美国的品牌（如肯德基、麦当劳、苹果手机），它们无一例外，都是中国的产品，而不是外国产品。这些产品在中国的生产和消费，最终结果是增加中国的 GDP、税收和就业，有利于促进我国某些地区经济发展。因此，无论从哪个角度讲都是有利于中国人民的。日本资方当然也会获得利益，但是资本总要获得回报，否则就不会有人来投资。

为什么买日货的人更爱国（下）

文｜王福重

1. 中日贸易是双向的

不能忽视的是，国际贸易是双向的。中国从日本进口，日本也从中国进口大量产品。如果我们强烈抵制日货，拒绝从日本进口商品，终究会影响到日本从中国的进口。中国经济的发展需要包括日本在内的其他国家的合作，实际上，没有美国、日本、欧洲的投资和帮助，中国不可能有今天的经济成就。日本消费者对中国产品的需求在一定程度上促进了中国 GDP 的增长，同时也为中国的部分地区增加就业有贡献。从 1993 年到 2003 年，日本一直是中国的第一大贸易伙伴，对日贸易在中国整体对外贸易中所占的比重一直保持在 15% 到 20% 的份额。目前，也是前几位的贸易伙伴。

日本经济与中国经济存在很大的相互依存性。由于中日两国具有不同的比较优势，因而两国存在优势互补的可能，可以发展更多的合作，而不只是竞争关系。中国出口到日本的大宗商品主要是纺织品等轻工业品、一般耐用消费品以及农产品；日本出口到中国的商品主要是高技术产品。比如日本从山东进口的大葱，就为当地的农民创造了很大一部分的就业机会。所以，如果抵制日货，最终引起日本的不满，遭到日本的报复，那些本来靠出口维持生计的中国人，就会失去收入来源。从而更大程度影响到我国的经济发展。这样的结果对两个国家都是没有好处的。

2. 抵制日货的作用很有限

其实，中国人买不买日货，对日本的影响并没有想象的那么大，日本经济崛起，是中日贸易大规模出现之前。如果我们拒绝日本生产的商品，日本人就有能力换个名字，在美国或者别的国家生产（如巴基斯坦），但如果我们又需要这些产品的话，就要以更高的价格从美国或者别的国家进口它们。最终受伤害的将是中国的消费者。

3. 如何解恨？

也许需要说明一下，中国和日本在东海油田、钓鱼岛等问题上，是有一些摩擦，但是，日本对中国没有什么特别大的现实威胁，无论是近期还是远期，都是这样。对于当前中国安全影响最大的，是美国。台湾问题是中国最大的民族利益，久拖不决，根本的症结还是美国作祟。如果说，抵制日货爱国，那么抵制美国货，不用 Windows，不吃麦当劳，就更爱国了。第二次世界大战期间，日本军人曾经在中国犯下滔天大罪，那是不可以忘记的。但是，再往前看，八国联军，也是罪恶累累的啊。按照抵制日货者的逻辑，那就不该只是抵制日货，而是同时抵制美货、英货、法货、德货、意货、西货等才是更彻底的爱国主义者。或者说，只有完全回到闭关锁国才是最好的。

过去的历史不应该忘记，但是不忘记不是为了仇恨，而是为了开辟未来，只有自己强大，才是最根本的。而实行开放，包括对日本开放，是我们强大的必要一环。

4. 美国人和日本人也互相不喜欢

日本人不见得喜欢美国人，美国人扔了两颗原子弹，很多日本人丧命。但是没有听说日本人抵制美国货。中国人不喜欢日本人，日本人也不能说喜欢中国人，但是也没有听说过，日本人抵制中国货。这是值得我们深思的。

买什么产品，只是简单的消费行为，与爱国与否根本不是一回事。你买相机，是为了照出漂亮清晰的图片，如果日本的佳能相机比国产相机更能做到这一点，你就大胆买佳能好了，如果怕人家说不爱国，就违心地买个国产的劣质相机，照出来人不人鬼不鬼的，那不是自己跟自己较劲吗？

5. 根本不存在纯粹的国货

不得不提到的一点是，在全球化的时代，很难说有100%的国货。比如苹果手机，是美国、日本、韩国、中国合作的产物，阿里巴巴（淘宝）的第一大投资者是日本的软银，新浪、搜狐、网易，都注册在外国，所有空调的核心部件，几乎都来自国外包括日本。追求100%的国货，是不可能的。

6. 抵制日货才是不爱国

每个国家，都是在追求自己利益的极大化，也许买日货，对日本有某些好处，但是，那不是我们要关心的，我们所要真正关心的是，买日货是不是比不买日货，对中国更好。如果是，你就大胆买好了。

一件事情，如果对自己没有好处，只是为了别人坏，就去干，这是最愚蠢不过的。损人不利己的事情，是没有理由原谅的。

如果把增加中国国力和中国人的福利的行为叫爱国，那抵制日货则是与此相反的行为，不是爱国，是害国。抵制肯德基的人，污蔑吃肯德基的人是汉奸，按照他们的逻辑和结果，他们反倒才是汉奸（汉奸的帽子不能乱扣，吃肯德基，买日货都不能受到谩骂攻击）。

无论如何，抵制日货的口号和行为，可以休矣。

PART Ⅲ

生活中的经济学

医疗、环保、房产税、网购、约车、教育，民生大小事中处处闪耀着经济学的智慧和光辉。看完本章你会发现，世界观、人生观、价值观都被刷新了：“治理交通拥堵，限号更在于疏”；“开征房产税，吃相别太难看”……剥茧抽丝，也许这里有最实用、最有趣和最意外的经济学。

放开二胎是中国股市的重大利好

文｜王牧笛

2015年年底，我们国家终于开放了二胎。我很多朋友听到这个消息都激动万分，盼了这么久，终于可以多一个弟弟或妹妹了。而最开心的就是琢磨先生。

二胎开放了，那我们80后就是这个世界上唯一一代独生子女，所以有人给我们这代人取了一个名字，叫“没有人抢鸡腿的一代”。

我就是独生子，没有兄弟姐妹，所以我非常担心以后我的孩子会以为：“叔叔”，就是雷锋；而“姑姑”，就是那个教他武功的人。

开放二胎当然好处多多了，以后逢年过节回家，你可以非常主动地热情地问一问七大姑八大姨：“什么时候再要一个啊？你年纪也不小了，得抓紧啊。”据我所知70后是最想要二胎的，他们有经济保证，而且更重要的是，大多70后生第一胎的时候还没有微信朋友圈，从来没晒过娃，这娃不就等于白生了。

按照以前的惯例，孩子起名字流行跟政策，像叫什么建国啊建军啊抗美啊援朝啊，这批二胎的孩子名字就特别好起，可以叫，养老，或者叫防老。而且对于男人来说，这是很大的利好，因为一孕傻三年，老婆傻三年，赶紧藏点私房钱。

对女人来说这也是一个利好，怀孕了全家都要围着她转，看了这么久《甄嬛传》，终于可以当一回皇后了，臣妾做得到。

但是有个调查表明，愿意生二胎的人没有想象中的多。他们的担忧有很多，首先最直接的是经济压力，多了一个娃，你别说房子要再来一套，就是煎饼果子你也得再来一套。下了班，是回家喂娃吃奶粉，还是要留下加班挣奶粉？最好是让娃自己来加班，自己的奶粉自己挣。

第二个担忧就是怕孩子之间不和睦，有不少小孩知道父母想生二胎，都非常激烈地反对，因为他们是老祖宗，不能接受家里多一个小祖宗，这叫一家不能容二祖。很多孩子担心父母要二胎，每次父母充手机话费的时候都特别紧张，生怕一百块充进去，duang 的一声，自己就多了一个弟弟；家里的垃圾再不让父母去扔了，自己去扔，坚决杜绝他们捡个妹妹回来。做梦都没想到，计划生育的胜利执行，不是靠计生干部，而是靠第一胎。

我知道，大家最关心的就是，这二胎出来了，对股市是不是一个利好啊？很多人都在担心，未来有可能是熊市，因为多了很多熊孩子。其实我个人感觉是利好，因为多了很多接盘侠。周末，大家就别在外面瞎逛了，赶紧回家，努力造人，中国股市靠大家，拜托了！

堵车都是集体要流氓造成的

文 | 王福重

因为堵车厉害，北京经常被叫首堵。北京堵车的历史，有 20 多年了。刚刚就任人民大学校长的刘伟教授曾说，他把堵车看成是城市繁荣的标志，诚哉斯言。但繁荣的另一面是，城市功能的丧失。堵车是需要解决的。

政府想了各种办法，比如公交专用线，增加地铁线路，但几乎无济于事。

这主要是个经济学的问题，而经济学家最特殊的思维方式是供求考虑。

所谓堵车，就是在某些时段，如早晚高峰，交通道路的供给与需求之间有较大的缺口，需求量远大于供给量。解决的办法就是增加供给和抑制需求。

增加供给

增加供给，就是让道路更多，道路面积占城市建成区的面积比例扩大，比如拓宽马路。北京的几大环路，从二环到六环都很宽，比纽约还宽敞呢。但小胡同、拥挤街道，这些也大量存在。特别是北京机关多，事业单位多，学校，尤其是大学多。这些机构都有自己的围墙，圈起来就是自己的领地，他人车辆无法通行。应该拆掉这些围墙，把道路空间还给公众。

解决供给，短时间，效果肯定不大，这是习惯的力量。比如，进了城，即使是一个大学生，农民的一亩三分地思维还是顽固不化着的。

压缩需求

压缩需求有两个办法：

1. 减少机动车数量

现在北京有 600 多万辆机动车，私家车为主。车多，容易堵车，这是显而易见的。为什么车多呢？一是车便宜，二是拥有车代价小。目前，北京一半以上的私家车没有固定车位，胡乱停在小区周边，有的直接放在马路边。

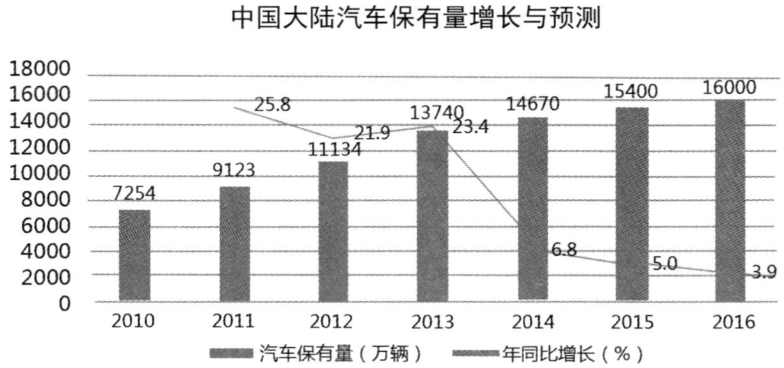

数据有待核实

我的建议是，买车必须有停车位证明。一个停车位大约三十万，这就可以抑制买车欲望。已有的无停车位的车，也同样要求，买不起车位的，就把车处理掉。别人停车花几十万，你几乎免费，也不公平。

2. 收取进城费

在工作日，对进入城市中心区，比如四环以内的车，收取进城费。比如早晨七点到晚上八点，所有进入四环以内的车，都要缴费。比如每次 100 元。另外，提高中心区的停车费水平，取消医院机关的停车场，作为配套手段。

目前北京市实行限号制度，但效果不大，因为每天限制 20% 的车，还有近 500 万辆车进城呢。

所以，价格机制是解决堵车的灵丹妙药。舍此，没有别的办法，至于有人说，涨价是懒政，涨价对穷人不公平，都是流氓无理腔调，他们这样说，只能证明涨价触动了他们的利益和灵魂。

为了不再拥堵，都把占便宜的心态改了吧。

特朗普的长城与退休人员缴费

文｜时寒冰

不知道大家关注了没有，美国总统候选人特朗普先生提出一个很著名的观点，他说要在美国和墨西哥的边境修建长城，以阻止墨西哥的非法移民。对于这个思路，共和党的一个人帮他做了论证，她说中国在五千多年前（注：实际是两千多年前）修建了长城，你看中国有墨西哥的非法移民吗？

我觉得这是一个非常有力量的回应啊！我查了一下，中国的北部边境真的与墨西哥不接壤，但是我们可以感受到祖国的伟大远见！为了防止非法移民，我们早在古代就修建了万里长城。有时候，他们解决问题的思路让我们感觉到莫名其妙，但又很有意思。

接下来给大家讲一个很现实的事情。2016 年年初我们的财政部长楼继伟先生写了一篇文章，建议退休的人员参加医保也要缴费。按当时的规定，退休的人员参加医保是不需要缴费的。那么，对这个问题我想谈一下我个人的观点。

我们知道，养老问题对于任何社会都是很重要的。譬如，以前在经济条件比较差的时候，像日本这些国家发生过溺婴、弃老的现象，就是把老人送到深山里面去自生自灭。不知道大家有没有看过日本的一部很有名的电影，叫《楢山节考》，它讲述的是老人到七十岁的时候，不管是健康还是生病，都要被送到深山里等死。它是日本的一个习俗，因为当时他们没法解决养老问题。

但是中国绝对不能接受这种变态的习俗了。那么，中国古代就要求忠孝。“忠”翻译成今天的说法就是爱国。“孝”就是孝敬长辈，主要是孝敬父母。那么对统治者来说孝敬父母就是减轻朝廷的养老支出，如果你不孝敬父母，就是把养老的责任推给了朝廷，朝廷就要杀你！

譬如说在商朝时候，就有“刑三百，罪莫大于不孝”。在西周，八刑中第一刑就是不孝之罪，是要杀头的。在唐律中，甚至诅咒父母都要被杀头，都是很严重的罪行。这就是逼着你孝顺，你孝顺就减轻了朝廷在社会保障方面的支出。所以历代统治者都主张孝，通过这个来解决养老问题。

那么在我们当今这个社会呢，单纯地提倡“孝”已经不能解决养老问题了。由于此前实行计划生育政策，都是独生子女。独生子女成家以后，他们上面有父母，如果父母上面还有父母，那就有八位老人。如果父母健全，就至少有四位老人，一对年轻夫妇的养老负担是很重的，光靠孝顺已经不能解决问题了。这就需要国家来解决养老问题。

在这种情况下，就需要给人们一个安慰、保障和安定的心，如果人们不为养老担忧，这个社会就会安定。同时这对经济发展也有利，因为人们没有后顾之忧，就愿意去消费。我们国家长期面对的一个难题，就是消费拉动不起来。如果把人们的后顾之忧给解决了，这个问题解决起来就会容易很多。所以说，有些钱是不能节省的。如果为了节省一些养老的费用，让退休的人员也缴养老费，这会增加他们的负担，影响人们的消费，同时让他们感觉到没有依靠。我觉得一个国家，只有让国民有归宿感的时候，国家才有希望。当国民免除了恐惧感，国家才能稳定，社会才能长治久安。

被“孝”冲毁的尊严

文 | 时寒冰

在《特朗普的长城与退休人员缴费》中，我对中国传统的孝顺观念提出了一点看法，现在再补充说明一下。

有一次游学的时候，我跟一位美国老人讨论关于养老的问题。这位老人说（大意是）：“我们不依靠子女，我们有自己的生活空间，我们的生活怎么能够被子女影响呢？他们也有他们的生活，怎么能够为养我们多增加负担呢？我们有自己的养老金，医疗是免费的，我们足够生活得非常安逸。如果让子女养活我们，我们需要看他们的脸色生活，这当然不能接受！我们要有尊严地过晚年！”

最后一句话让我难以忘怀。孝顺是中华民族的传统美德，是身为子女的责任，但是，也别忘了，恰恰是这种责任让政府得以淡化自己的责任。这样导致的直接结果，是老人只能依赖子女养老，而这种依赖是以牺牲老人的部分权利乃至部分尊严为代价的。比如，也许，因为子女自己认为的面子问题，老人追求自己感情的梦想就不得不停止。很多时候，老人们又面临着复杂的诸如婆媳关系这样的棘手问题。因为依赖，不得不低头，老人们几乎无法维护自己的尊严。在辛苦操劳一辈子以后，在自己为国家奉献完最后一滴油水之后，老人们难道不应该有一个有尊严的保障体系来呵护他们的生活吗？在孝之下，是一种责任的悄然退缩。

独生子女成为家庭主流的时代正在慢慢到来，面临着多位老人，独生子女如果把赡养的责任都加在自己身上，他们吃得消吗？他们背负得起这个重担吗？重压之下，独生子女们如何更自由地创业推动整个民族前行呢？

是的。孝是子女们的责任，这种责任不可推卸。子女们为什么要孝？是因为牛羊尚且跪乳，何况人呢？反过来想，这些老人们哪一个不是对国家尽了自己的责任呢？当他们为这个国家奉献完一生最美好的时光，国家是否也应该有跪乳之恩呢？是否让老人们过上有尊严的生活也是政府不可推卸的责任呢？

在养老金缺口迟迟不能填补的情况下，我们不能不表示自己的忧虑。

一个有创造力的社会，一定是人们免除了恐惧和忧虑的社会，这样的社会才有蓬勃的活力和令人不可思议的凝聚力。画家 Norman Rockwell 一幅免于恐惧的油画，被列为第二次世界大战时的宣传海报，激起无数人的斗志。在今天的中国，更需要让人们消除恐惧和忧虑，当老人们没有了顾虑，能够安享晚年，当人人都老有所依的时候，人们会不由自主地奉献自己的热血和智慧，捍卫这种环境。如此，一个伟大的民族将能够爆发出惊人的凝聚力。老人有尊严，老人有所依，人人都有归宿感，这样的民族，一定能焕发青春，一定充满阳光和希望！

别让错误的读书态度毁了孩子

文 | 时寒冰

我们首先搞明白一个问题：鼓励孩子读书的目的是什么？

很多家长的目的非常明确：让孩子在未来的考试中胜出。于是，跟考试无关的书孩子很少看。这样培养出来的孩子，能力往往都是非常低下的，即使考上了好的大学，从学校走出来以后，面对纷繁的世界，仍然无所适从。

孩子的一生，就这样在功利化的道路上，悄悄地被毁掉。

当下，读书的人越来越少，会读书的人更是凤毛麟角。

同样一本书、同样一篇文章，有的人能从中汲取很多营养，有的人则毫无感觉，有的人甚至怒气冲冲、恶言相向。在我写的许多文章当中，给女儿讲《项链》的那篇转载率最高，很多人读后惊讶地发现，这篇过去学习的时候觉得枯燥乏味的课文，原来背后还有这么多东西！很多家长拿这篇文章跟孩子一起分享，让孩子也学会用这种方式去阅读。我收到感谢信最多的，就是这篇解读《项链》的文章。这多少让我感到有点意外，当然，也很受鼓舞。

要想让孩子的眼睛有穿透力，就需要懂得用正确的方式汲取、累积能量，从而，变得更智慧，更洒脱，也更阳光。

微信公众号有了评论功能之后，我偶尔会看到一些类似这样的留言："读了你几年文章，一直很喜欢你，但你今天突然发出这种奇怪的观点，原来你这么弱智，以后再也不看你的文章了！"

世界上可能没有一个人的观点是完全符合你的口味，或者，完全与你的思维习惯相吻合的。怎么一个观点就把那么多年累积的印象全盘否定了？假如你换一种方式，从文章中看到自己需要的，看到自己此前没有考虑到的内容，与自己的思路做对比，是否能学到更多？

但我们不能不承认，动辄发怒或一种偏激的方式表达阅读后的愤懑，其实是不会阅读的人常有的态度。很多人身上都有这种思维习惯。

试想，如果你的孩子，一直用这种态度去读书，他将来能够客观地看待这个世界吗？他能懂得从别人身上吸取智慧和能量吗？

不，他会越来越偏激，越来越封闭，这样的状态，是无法从优秀的人身上学到自己所需要的东西的。他永远停留在一个低能的层次，甚至可能一生都停滞在一个平庸的状态，再无任何长进。

会读书的人，会通过各种观点，甚至截然对立的观点，与自己的思考做对比，看看自己哪些问题考虑到了，哪些问题遗漏了，哪些因素根本就没有想过，然后找原因，完善自己。

用这样的态度去读书、读文章，你读来的不会是怒火，而是收获，永远都是收获，它不仅丰富了你的知识，更重要的是，开阔了视野，让你的思维更活跃，让你站得更高更远。收获之后的你，变得更智慧更豁达。这个时候，你甚至已经远远超过了写文章的那个人。只是你低调，不说出来，默默把喜悦埋在心里而已。

这是一种非常快乐的感觉，是一种阅读后的享受。

是的，你需要让你的孩子，也养成这种阅读习惯——这种阅读习惯甚至会进一步影响到孩子为人处世的态度。

考试以外的书，也要阅读，一方面培养语感和表达能力——这几乎是孩子写好作文的最重要的基础。一方面，帮助孩子开阔眼界，提高思维和应对各种问题的能力。

对于孩子来说，开阔眼界是非常重要的。

死记硬背培养不了优秀的人才。

以前人们死记硬背是因为缺乏有效保存、储备知识的媒介和高效率使用知识的工具。在现代这个信息高度发达的社会，比知识的渊博与否已经不重要，重要的是，眼界高度、思维高度！比的是，能否活用这些随手可得的知识，为自己服务！

也许，有的家长会说：我让孩子读考试以外的书，学习没用的东西，不是耽误孩子考试吗？

让孩子开阔视野，真的就会影响孩子考试吗？

5 年前，我在北京讲趋势课的时候，一位学投资的母亲给正上初中的儿子报名去听课，由于小班总共没有几个人，突然出现一个这么小的孩子，一下子引起了我的注意。每逢有课的时候（课都在周末），孩子都跟着他妈妈一起听课，因为趋势分析涉及许多知识，孩子刚开始听课的时候特别吃力。几年后，当我问他学习情况时，孩子分析国际局势已经头头是道，思路非常清晰，仿佛整体世界都在他的洞悉之下，这让很多老学员都惊讶不已。这个孩子去年以优异成绩考上了清华大学。他母亲非常开心。因为，她一直坚信为儿子做了一个重要的决定。

不功利，反而带来了一个好的结果。

所以，我们阅读的时候，抛弃功利、偏激的态度，像与作者对话那样去阅读，真的就会变得完全不一样！

这是与智者对话。有的时候，作者比你看得更远、更细致。有的时候，你比作者看得更远、更细致。通过阅读，通过在阅读时与作者意念中的交流，你会更快地得到提升！你同样能够有足够的洞察力去剖析类似《项链》这样的文章，与孩子一起分享你的发现和你的智慧。

用这种方式去阅读，不知不觉中，你的孩子就超越了你，超越了老师，超越了许许多多的人，从而，变得更加优秀。

错误的读书态度会毁灭孩子，而正确的读书方式，则会让一个孩子一生都深深受益，并且，不断受益。

魂在何处？极端功利化的迷失

文 | 时寒冰

多年前，有一次在机场候机楼观看电视转播奥运会颁奖仪式：一位获得铜牌的外国运动员激动得流了热泪，接受记者采访的时候，这位运动员说她梦想着在奥运会上获得奖牌，现在终于梦想成真。“傻 X，才铜牌，至于这样吗！”旁边一个人这样说后，更多的人哄堂大笑。

是的，在许多人的潜意识当中，除了金牌，其他奖牌都不值得一提。但人们或许忽略了，外国不少运动员并非靠纳税人资金培养的职业运动员，而是体育爱好者，他们是自己出资参加训练、参加比赛的。对于这些人而言，能够参加比赛本身，就是对自己的肯定。

在这次的里约奥运会上，路透记者采访我国一位运动员的时候，这位运动员说了一句在西方人看来很不可思议的话："And it doesn't matter whether it's the silver or bronze medal. As long as it's not the gold medal it's the same."（这是路透社报道的原文：银牌或者铜牌也并不重要，只要不是金牌，银牌铜牌都是一样的。）

西方人无法理解我们对金牌的渴求，无法理解在体育背后为何隐藏着如此强烈的超过体育本身的渴求。

这种强烈的渴求并非只在奥运会上体现出来。

我刚刚听一位朋友（曾多次荣获世界桥牌冠军）讲了这样一件事情：今年7月，中国著名的北京RD附中在美国参加暑期北美桥牌夏令营，这是一种重在交流而非比赛的活动。中国的孩子们到达的时候，北美桥牌协会特别是其中的美国老人，特别喜欢中国孩子，他们拥抱每一位孩子。但在比赛的时候，意外发生了：

按照比赛规则，每场比赛后，参加比赛的一方把自己的分数输入电脑，另一方看后确认，即为正式分数。北京RD附中的一位孩子把分数输入电脑，参加比赛的美国孩子看后，点点头走了，没有按确认键。北京RD附中的孩子迅速发现了这个漏洞，等美国孩子走后，他重新修改分数，按确认键，成功增加了自己队的比赛分数。

此前没有人这样做过，因此，没有修补这个漏洞的规则，而且，孩子们对这种修改分数的做法也没有防范意识。

于是，北京RD附中的这个孩子尝到了成功的喜悦，他继续这样做。

终于，一个对手发现了这个问题。这个孩子向北美桥牌协会反映比赛的分数被更改。

北美桥牌协会调查后开会商量了一下，说如果直接把RD附中这个孩子的做法公布出来，可能会给孩子心理上留下阴影，影响他未来的人生之路。于是，他们只是决定把分数修正过来，而把这件事情压下来，但派专人防范这种事情继续发生。

随后的比赛，RD 附中的这个孩子再次修改分数的时候，直接被“抓现行”。

北美桥牌协会不再宽容。他们觉得这个孩子眼中只有好成绩，且为了好成绩不惜多次实施欺骗手段，已经超越了他们能够容忍的底线。他们决定：终身禁止这个孩子在北美参加桥牌比赛。

这件事情让我这位朋友感到羞耻。因为这件事情让许多原本对中国存在好感的人也开始改变看法。孩子是一个国家的未来，更何况这是在中国最赫赫有名的北京 RD 附中走出来的未来的精英！

但是，当这位北京 RD 附中的孩子因为追逐胜利不择手段的时候，迷失的是否只是这一个孩子？

我曾经在加勒比海国家停留过半个月，听到很多真实的故事，过去未曾写出来，因为难以启齿。今天讲一点：

中国人刚到加勒比国家，很受当地人尊敬。加勒比海地区有一种很珍贵的鱼，人们想吃了就去海里抓，但绝不会多抓。但中国人（尤其建筑工人）去后，听说这种鱼很珍贵，就拼命地抓，一下子抓了好多，吃不完坏掉了，就扔了一地。这种近乎变态的贪婪使得这种鱼很快就绝迹了。还有大螃蟹，当地人吃多少抓多少，而中国工人一抓上千斤，吃不完就把螃蟹浇上汽油点燃，看它们悲惨地痛不欲生地挣扎……而且，中国人去后能正常办的事也行贿，导致原本没有腐败的当地腐败盛行，而且，发展到后来当地人只要见中国人就敲诈勒索。在当地做生意的中国人，为了逃税，从中国进的冰箱报关的时候只报十几元钱，由于做得太过分而引起公愤，导致后来圣卢西亚对所有中国人开的商店进行大搜查……

下文非常简单：此后中国人到加勒比国家后，再也不受欢迎了。

人性啊！当贪婪到极致，就不再可爱了。

由于财政紧张，里约奥运会是一次非常节约的奥运会。这种节约在某种程度上也是基于对民众的尊重——不增加纳税人的负担。但是，里约奥运会却因此成为中国媒体嘲讽的对象。嘲笑他们的简陋，嘲笑他们的准备不足……

奥运会是宗旨是什么？

“通过没有任何歧视、具有奥林匹克精神——以友谊、团结和公平竞争的精神相互理解的体育活动来教育青年，从而为建立一个和平的更美好的世界做出贡献。”

有些国家（比如苏联）不重视群众体育运动，却以倾国之力花费巨资去培养职业运动员，这些运动员获得的成绩越来越好，而国民的体质却越来越差。这种高度功利化的做法，其实是对奥林匹克精神的亵渎和欺骗。更可悲的是，当民众带着病弱的躯体在医院排队看病的时候，却不断为耗费巨额资金打造出来的金牌选手自豪地挺起胸膛——还有比愚昧更好的奴役工具吗？

对于我们中国人而言，我个人觉得，里约奥运会唯一的亮点是傅园慧。“我游这么快？！我已经很满意了！”“我已经用了洪荒之力啦！”“这是我历史最好成绩了。”这些率真的语言，展现出来的活力与自信让人欣慰。

问题在于，这种率真的态度难道不应该是正常的吗？

剔除极端的功利化，人人都可以变得可爱。

对于一个民族，同样如此。

做一个单纯的人，为自己的民族赢得尊严和尊重。这何尝不是每一个中国人的责任？

为什么不要嫁给凤凰男

文 | 王福重

爱情是有些神圣的，纯属两情相悦，无关世俗，不食人间烟火，还可能与性无关。爱情中的两人，竞相取悦对方，如竞争市场中的企业，挖空心思满足消费者的偏好。

不反对城市女和凤凰男恋爱。不以结婚为目的的恋爱，才真是不要流氓呢。因为可以满足部分好奇心，《红与黑》里，就有贵族小姐与凤凰男于连谈恋爱。

婚姻是很俗气的，一点不神圣，也与爱情没有因果关系。婚姻本是政治共同体的要求，是国家的基石（马克思主义的观点），为的是造成一种秩序，后来转化为习惯和生活方式。大多数人结婚，是因为服从男大当婚女大当嫁的社会心理。

结婚就是搭伙过日子（顺带生孩子）。除非两人在世俗的各方面，旗鼓相当，或者门当户对。否则，总有一方要牺牲自己。

哪一方牺牲呢，一般来说，是品位高的。因为品位低的，很难跃迁。品位高的，得将就低的，日子才能过得下去。俗话说，嫁鸡随鸡嫁狗随狗。

你并非只跟凤凰男结婚，而是跟他的家庭家族、生活习惯、价值观、审美趣味等等紧紧捆绑在一起。

嫁给凤凰男，内心要足够强大。比如，你只知道有洗手间，不知道农村的茅房，真见了，会立即崩溃，甚至开始怀疑人生。

既然儿子娶了你，公婆就有权和你住在一起，否则即是你不孝。孝可是中国人的头等大事，假李逵对真李逵求情，就说有八十岁老母要养。

这个要求，是不道德的，类似耍流氓。因为公婆没生也没养你，没有权利要你孝顺。

生活习惯品位不一样的人，硬搅和，哪能不起冲突？而标准的凤凰男老公，媳妇和爹妈冲突的时候，一定站爹妈一侧（供给侧），这是丑陋的文化和习俗的力量。他一辈子不明白，接下来的人生中，对他最重要的，不是爹妈，而是你。道理是什么，观众自己想。

你的家，可能会变成老公老乡办事处，你要为他们旅游、找工作、看病帮忙，但无论怎样出钱费力，只要不遂他们的意，一定认为你没有尽力。因为什么都不懂的人，看事情最简单。

嫁给了凤凰男，这些奇葩事会纠缠你一辈子，你的生活从此没有了安宁。最后，你会堕落到跟凤凰男的老乡一个品位。人的一生，白驹过隙似的，哪有那么多工夫陪无关的人消耗呢。

有前车之鉴。

你看，中国千百年流传的爱情故事，牛郎织女、董永七仙女、白娘子许仙、卖油郎独占花魁，都是城市女嫁给凤凰男的穷汉子娶女神模式，七仙女她们就是嫁给凤凰男的第一批烈士啊。

这当然完全是集体意淫。你想，他们真能快乐地在一起吗？七仙女和放牛的，有什么可聊的？在我看来，七仙女不是因为王母娘娘勒令（王母娘娘真是亲娘啊），而是受不了生活的乏味才离开的。她为自己的一时冲动，付出了惨烈的代价，以后就是天庭的笑话了。什么冲动？就是觉得凡人的生活，有点特色和意思，想尝尝鲜。嫁给凤凰男的女士们，也是这种好奇心和天真的牺牲精神作祟。

这些异想天开的故事，流进了中国人血液。憨厚的董永牛郎，就该获得最高级的爱情。路遥的《平凡的世界》，润叶爱少安，晓霞爱少平，都是这种基因的显现。我想说的是，牛郎董永不是憨厚，而是处于未开化状态，他们不是真可爱，不配得到女神的爱。

必须承认，精神世界，有高贵卑下之别。最大的决定因素之一，正是出身。你看那些落魄的贵族，即使在最悲惨绝望的时候，即使面对死亡，也是高昂着头颅，藐视一切。这就是为什么人们钦慕贵族精神。

贵族需要好多代才能养成，是聪明、努力、机遇、运气、教育、财富的函数（最核心的自变量是财富）。进城是且只是万里长征第一步。

贵族没法装，从娘胎里带来的坏习惯，不会因进城而消失。路遥知马力，日久见人心，到一定时候，恋爱时暂时收敛的坏习惯，就会暴露。牛郎就暴露过了。

有没有例外呢，有两种。

一是，凤凰男极出色，功成名就。比如刘强东，奶茶嫁他，就般配。

一是，凤凰男变异了，脱胎换骨，为你可与家庭隔绝。

这两种极品的概率，几乎都是零。

不要给自己找麻烦，好奇害死猫。

最后必须说明，要嫁的是美女（真正的美女），不是丑女。

人还在，钱没了，怎么办？

文 | 肖锋

为了落实供给侧改革，给企业“降成本”，中国人民银行金融研究所所长姚余栋提出，将企业养老保险费率从 20% 降到 10%，同时划拨国有资产来弥补降费造成的基金缺口。可行吗？呵呵，想想是可以的。

难道没听说，2016 年 1 月 1 日，财政部长称正研究实行退休人员医保缴费政策。

难道没听说，人社部官网 1 月 26 日刊登《我国社保费率高不高》，称受到历史债务、人口老龄化及民众对基本养老金水平期待的影响，养老保险基金支撑未来养老保险的支出已面临很大压力。我国社保制度面临长期基金收支平衡风险，需要保持一定的费率水平。

难道没听说，人社部官员透露，5 年后将实施延长退休年龄政策，每两年延长 1 岁，直到退休年龄无论男女均为 65 岁。此前，就“退休年龄延至 65 岁”

话题进行调查的结果是：超九成网友反对。

眼下的养老焦虑用一句话表示就是，人还在，钱没了。

老龄化问题是一场缓慢的财政危机。人口老化未必会使这些经济体出现衰退，但一定会制造大范围人口的养老困境。

有专家称，现行养老保险制度如不改变，15 年后退休吃不起盒饭（当然啦，专家知道现在盒饭涨到多少钱一盒）。

经济学家钟伟早在几年前就称，二十年后一线城市一千万不够养老。没错啊，你算算二十年前的平均工资就知道啦。

靠谁来养老？

2008 年，73 岁的付达信曾为入狱养老故意抢劫。他在宣判时抱怨法院判得太轻，只判了 2 年。在监狱里的前 3 个月他胖了 10 斤。老有所养变成“牢”有所养——这个个案之所以引人关注，不仅是社会如何对待孤寡老人问题，人们多少有点同病相怜，大家对未来养老都有点无助感。

面对未来，你如何才能安心养老？

假如你不在体制内，假如养儿防老变成防儿啃老，假如你不想学 2008 年那位老付，还是趁早找到解决方案吧。

第一，多买商业保险？中国人寿称，养老生活提前储蓄，提供福禄满堂养老年金保险（分红型），养老分红两全其美。问题是高通胀之下，哪家保险机构敢说养老金保值？

第二，“以房养老”模式？中国政府网公布国务院印发的《关于加快发展养老服务业的若干意见》，明确提出“开展老年人住房反向抵押养老保险试点”，即所谓“以房养老”，指老年人将自己名下的房屋产权抵押给银行等金融机构，可定期获取一定的养老金直到去世。换句话说就是，拿房子换“活”钱来养老。

“以房养老”政策在经历了一年的酝酿后终于呱呱落地。媒体报“以房养老广州落地，500 万房产每月领 15155 元”，有两户广州籍老人签署了以房养老合约，以65周岁男性，房产有效保险价值500万为例，老人每月领取养老金为15155元，直至去世。

请问，500万的银行定期利息是多少？银行可不是省油的灯。

第三，养儿防老？是养老防儿吧？啃老族越来越庞大。按一线城市养儿成本200万计，二、三线城市50万～100万计，儿女入职每月3000块收入，啥时能养活你呢？养活自己就不错了。

好像，还只能指望政府，指望那点养老金。

怎么办？

每个中国大陆人必须面对以下难以面对的现实：

当前中国的老人，即60岁以上人口，已超过2亿，预计到2050年，中国老龄人口将达到峰值4.37亿，每三人中必有一老者，说不定他还在干活。

2000—2050年中国人口及老龄化人口比重预测

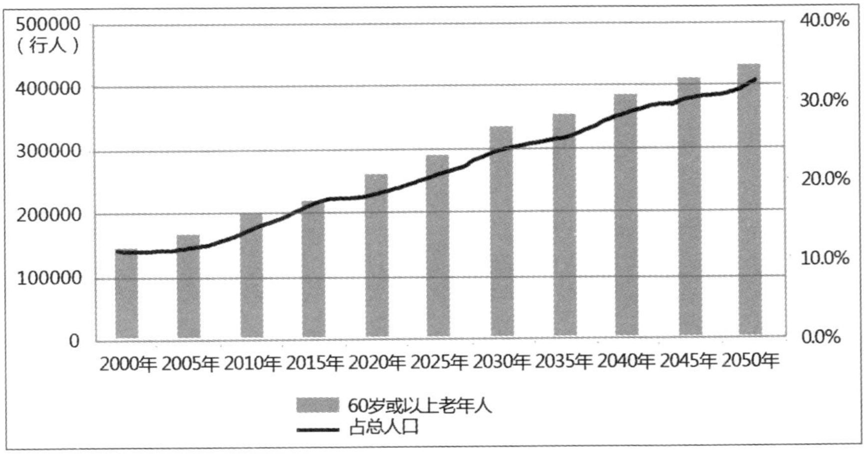

数据来源：中国产业信息网

人口红利即将消失。拐点发生在2015年，劳动力从9.98亿的峰值开始逐年下滑，年均减少 366 万。社会的财富蛋糕怎么做大？

社保欠账。据中国银行测算，2013 年中国养老金缺口就达 18.3 万亿元，这个历史欠账不可能轻易抹平。

中国老龄科研中心 2011 年的一项调查显示，中国 60 岁以上老年人余寿中有 2/3 时间处于带病生存状态。2015 年，部分失能和完全失能的老年人达到 4000 万人。

所以，解决养老问题，首先你要：锻炼身体，坚持到底！

其次就是改革，改革生育制度，改革分配制度，尤其是养老制度并轨，现在抓紧解决问题还来得及。

眼下，“辛辛苦苦二十年，不如炒房赚的钱”，记住，等你养老的时候，最便宜的可能就是房子。

别不信，中国的个人所得税主要是穷人在交！

文 | 马光远

在 2016 年两会新闻发布会上，记者问财政部长楼继伟：个税改革方案的推出有没有具体的出台时间表？如果是以家庭为单位的征收方式，会不会给家庭带来更多的获得感？

对这个问题，楼继伟回答了两点：

1. 简单提高起征点，这是不公平的。

2. 去年，财政部和国税总局等有关部门一起研究了个人所得税改革设计的重点难点问题，形成了综合分类所得税制改革方案，已上报了国务院。

我注意到，网友们对楼继伟“简单提高起征点是不公平的”的说法各种喷。其实，楼继伟的这个话信息量很多，里面大有文章。只是过去多年，每次两会，我们的富豪委员代表，涉及个税的提案都是在呼吁提高起征点，从来没有关注到富豪阶层对整个个税的贡献其实不大。这和我们的整体税制设计不合理有很大的关系。

起征点太低，当然是问题，但这不是个税制度最大的问题。中国个税制度最大的问题有两点：

1. 作为专门调节收入分配的税种，其合理的制度设计应该是穷人不缴税，中等收入少缴税，富人多缴税的橄榄型结构。以美国为例，将近 50% 的工薪阶层只承担了联邦所得税的 5%，10% 的最高收入者承担了个人所得税的 60% 多，1% 的最高收入者承担了 30% 多，从而形成了比较完美的“倒金字塔”的税收负担结构。而在我国的税制下，占有社会财富近一半以上的富人上缴的个人所得税却不到个税总收入的 10%，60% 的个税是由苦逼的工薪阶层贡献的，从而形成了以穷人为主要纳税主体的奇葩税收结构。为什么出现这种南辕北辙的结果，这就是中国个税制度的第二个问题。

2. 和世界个税改革的潮流不同，中国的个税制度目前仍然实行分类所得制，而不是国际上流行的综合税制。纵观目前全球的个人税制，绝大多数国家实行的是综合征收的制度，而我国目前的个税却依然实行分类征收制度。分类所得税制与综合税制相比，缺陷明显，对不同性质的所得分项计征，难以全面、完整地体现纳税人的真实纳税能力，从而造成所得来源多、综合收入高的人少纳税甚至不纳税，所得来源少、收入低的人反而多纳税的不公平现象。

正是因为分类所得税有以上弊端，从目前世界各国个人所得税的历史脉络看，现在很少有国家实行单纯的分类所得制，而是实行综合与个人分类所得结合的混合税制。除了对个人不同收入来源采取相应的分类外，还采用综合个人所得税制，将其全年的收入纳入计税范围，避免了收入项目多反而缴税少的制度悖论。

而在税收抵扣项目的设计上，国外除了为低收入阶层提供了专门的税收抵免项目之外，还综合考虑纳税人的家庭负担和赡养人口的实际情况，允许纳税人就其赡养人口的多少和实际负担扣除一定数额的生计费用。这些合理的制度设计，在一定程度上均衡了税负，给个人所得税本身的制度结构嵌入了个性化和人性化的内核。我国当前的抵扣项目完全按照纳税人个人的支出来进行设计，既无视中国“乡土文化”中家庭收入负担的传统，更无视个人收入承担整个家庭支出的事实。这意味着一个家庭，赡养老人还要缴税，我戏称为“赡养税”，虽然奇葩，但却是事实。

所以，中国个人所得税最大的问题绝不是起征点的高低问题，而是整体制度设计出了大问题。我们的富豪委员代表们为什么不提税制的全盘改革，而只是忽悠大家关注起征点，就是为了回避富人少缴税的基本事实。起征点提高了，只是稍微给了可怜的屌丝们一点安慰，却改变不了他们赡养老人还要缴税的事实。

那么，我们为什么不实行综合税制呢？楼继伟说：

这么多年，我们一直想做综合所得税，却没有做到，为什么？因为它太复杂了，需要把个人的 11 项收入综合在一起，然后做分类扣除。比如说，个人职业发展的再教育扣除，首套住宅按揭贷款利息的扣除，抚养孩子的教育扣除。还有现在全面放开“二孩”，大城市和小城市的标准，可能是公说公有理、婆说婆有理，但税法不能说大城市就多点，小城市就少点，而要有一个统一标准。另外，综合所得税改革，需要健全的个人收入和财产的信息系统，需要相应地修改税收征管法。

对不起，之所以把这一段话全部录在这里，就是让大家帮助解决困难。很遗憾，本人真不觉得楼部长所列的这些有多困难。“把个人的 11 项收入综合在一起，然后分类扣除”困难到没法做？我老家的大队会计都不觉得这有多难！“健全个人收入和财产的信息系统”很难？对不起，如果觉得难，可以把中国个税改革的技术问题交给马云、马化腾他们，给他们税收提成，他们保证出色完成任务。

我从来都认为，个税改革停滞不前，原因绝不在所谓的技术层面，在世界上绝大多数比我们落后很多的国家都实现了综合税制的情况下，强调困难，真的是丢人现眼。特别是在如何实行综合税制，并以家庭作为纳税的主体上，世界很多国家已经施行了近半个世纪，再在技术层面找借口，这借口的技术含量实在太低。

问题的关键还是部门利益的阻挠。多年来，由于部门利益的阻挠，以及将主要精力放在个税起征点问题的讨论和热议上，对于真正体现公平的综合税制，却讨论甚少。每年两会，谈及按照家庭征收个税的改革，有关部门总是以条件不成熟来应对。事实上，在个税改革领域，所谓的条件不成熟大多是因为一些部门故意的不作为所致。比如，信息联网的问题其实谈了很多年，但至今迟迟没有进展。很显然，这不是一个技术问题，而更多的是一种对待改革的态度问题。在目前的情况下，搞个人纳税信息联网，在技术层面而言绝非难事。

好在楼部长又透露了一个非常重要的信息：

“我们的设想是，今年将把综合与分类相结合的个人所得税法草案，提交给全国人大审议，根据条件分步执行，先做一些简单的部分，然后根据税收系统和大家习惯的建立，逐渐完善。”

好吧，终于做完了研究阶段和前戏，进入正题了。那么，让我们共同期待，中国的个人所得税，能够真的回到富人多缴税，穷人不缴税的常识上来。

机器人会抢我们的饭碗吗？

文 | 王福重

富士康、万科、谷歌，很多企业在研发使用机器人，于是，有关机器人加剧失业的说法开始弥漫。

2009—2013 年中国工业机器人销量增长统计（台）

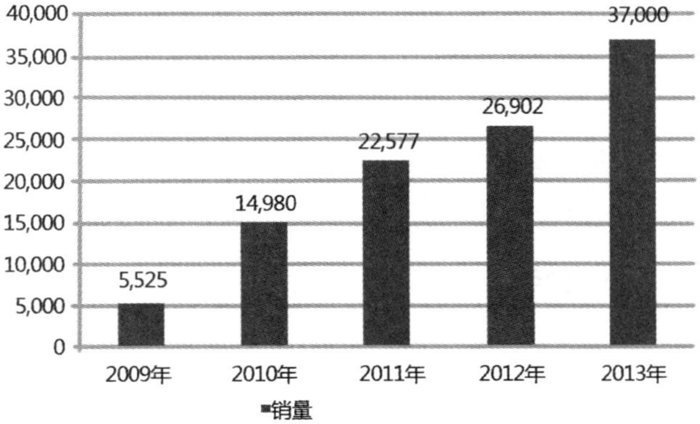

数据来源：中国产业信息研究网

害怕机器夺走工作，这种认识谬误，在人类历史上，已经上演多次，每一次都证明是闹剧，但阻止不了新闹剧再次上演。这次的主角机器人不过是有人的样子，更智能化，但也依旧是机器。

学过历史，都知道一个常识，人类出现于 200 万～ 300 万年前，人的前身是古猿。人类与古猿最大的区别是什么？人会制造和使用劳动工具。早期人类使用的是石器，据此，人的历史划分为旧石器时代和新石器时代。新石器时代，距今只有 1 万年左右。

石器，就是原始的机器（木棒也是）。机器的效用，就是代替人类的部分劳动，以及更安全、效率更高地劳动或者更惬意的生活。人类进步的历史，就是机器不断被发明、推广、越来越高级的过程。蒸汽机、电灯、汽车、火车、洗衣机、空调、电脑、网络、手机等，都是机器，没有机器，现代大部分生产甚至生活，都无法进行，机器是人类聪明智巧的结晶。

但是，在享受科技带来巨大便利和福利的同时，人们也对机器使用的后果，主要是失业，忧心忡忡，人类的历史，在一定程度上，又是担心、反感、阻碍机器使用的历史。

举例，过去人们穿的是手工制作的衣服，后来发明了制衣的机器，比如缝纫机。假如一个裁缝一天能做 1 条裤子，而一个人用缝纫机可以做 100 件。直觉，一台机器可以造成 99 个裁缝失业。如果真是这样，这个行业的失业率得有多吓人。

确实，裁缝们会恨缝纫机，恨不得砸了它。而历史上还真的发生过多次，工人在工会鼓动下，捣毁机器的运动。英国工业革命早期，就有不少著名的案例。还有更搞笑的，电力机车发明后，火车不需要烧煤的司炉工了，但当时美国铁路工会，要求继续在火车上配根本没用的司炉工，每天看看报纸什么的，美其名曰维持就业。

不是只有普通人对机器恐惧，学者专家们也一样，大名鼎鼎的缪尔达尔

（1974 年与哈耶克共同获得诺贝尔经济学奖），就是一位，他认为机器会减少对劳动力的需求。

事实肯定不是这样，远的不论，100 年前人们使用机器的程度，肯定没有现在高。但最近一百年来，尽管有失业的困扰，但人类的总人口已经翻了数番，而就业人数不但没有减少，如某些人鼓噪的遍地失业，反倒随着人口增加，增加了不知道多少倍。以制衣业为例，现在这个行业就业人数，应该是原来裁缝的数百倍、数千倍。

英法美日工业和服务业吸纳就业状况

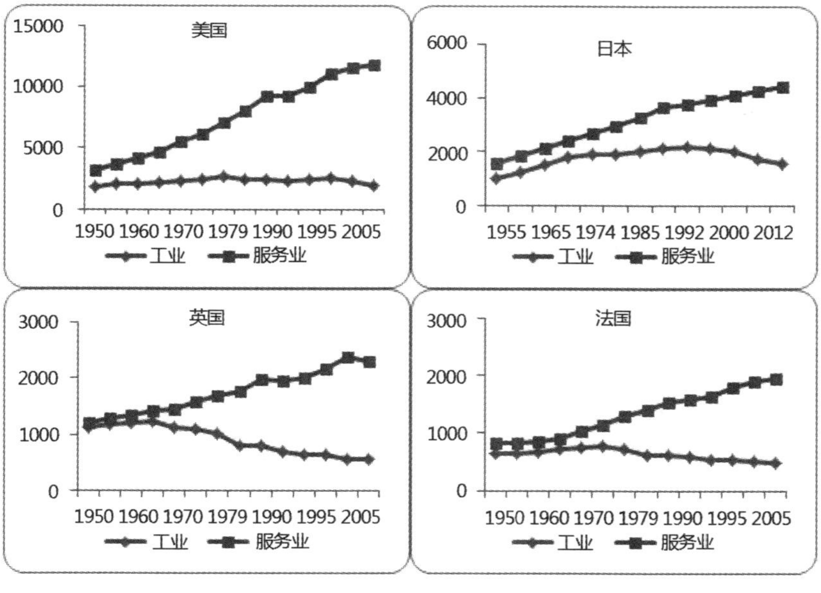

但只是举例恐怕不能说服所有人，因为他们会说， 那是过去，现在的情况非比从前，机器太先进了，还是会造成失业增加的。所以，有必要从理论上说清楚，这样，才会让他们心服口服。

那为什么我说，机器造成失业增加是谬论呢？

第一、机器，包括机器人，由人制造。制造机器，制造机器人，是以前没有的新工作，是在增加就业，这至少可以冲抵部分机器使用造成的失业。

第二、厂家和商家使用机器，肯定是因为可以降低成本，进而增加利润。于是，可以扩大生产规模，增雇工人；也可以用多赚的钱投资其他行业；或者增加自己消费支出（房子、车子、珠宝等）。这几种途径，都可以扩大就业。

第三、使用机器能节约成本，整个行业最后都会使用机器。对于机器的需求，进而对制造机器的工人的需求，就增加了。同时，整个行业都采用机器，成本都降低了，产量提高，消费者更省钱，对商品的需求大大增加。最后，这个行业的就业会大大增加。有人说，消费者如果还是买那么多该行业的产品（衣服），就业还会增加吗？会的，因为消费者，会把因为（衣服）价格下降，增加的收入购买其他商品，后者对应行业的就业也会增加。

第四、工作岗位的总量，不是固定的。人类会创造新的工作机会，比如现在很多工作，就是以前没有的，如大学教师、网络工程师、模特等等。部分原因，是机器的发明，将人类从繁重的体力劳动中解放出来了。人的聪明才智，能够保证新的需求和新的工种的出现，这是人类过去几千年的历史反复证明了的。

第五、有些机器与已有工作无关。有些机器，包括机器人，本身并不取代工人的劳动，而是做人做不了的，不敢做，以及太危险的工作。如 X 光机、飞机、炸药。有些发明，只是改进工作，提高生活水平，与劳动无关，比如万艾可（伟哥），它没有替代任何人的工作，是全新的工具。机器的发明，是为了提高人类福利，不是为了让人人有工作。人人有工作，反倒可能会降低人类福利水平，如不用机器造房子，完全用人工，不用机器播种，用人手，不用火车拉东西，人肩扛手抬。机器减少了人类劳动时间，是好事。人们生活的目的不是工作，而是过快乐的日子。

第六、当然会有失业，比如由于电灯的发明，原来制造煤油灯的人，就会没事干。对直接受机器冲击，失业的人，怎么办？一个是退休，可能在孤独痛苦中死去，我们同情他们，但这是人类进步的必然代价或者方式；一个是政府养起来；最后一个是学习新技能，找到新工作。

但需要强调的是，就业是宏观或者总体概念，千万不能只看有人失业，但对新工作的出现视而不见！这就是人们对机器有偏见的根本原因。

让我们拥抱科技革命的新时代，不要杞人忧天了好吗？

二手房开征增值税，这是斗地主还是剪羊毛？

文 | 马光远

在 2016 年 3 月 13 日两会新闻发布会上，国税总局局长王军在人民大会堂回答媒体提问时表示，这次“营改增”相比以往有所不同，将首次涉及自然人缴纳增值税征管，比如个人二手房交易。这意味着，原来在二手房交易时征收的营业税将被增值税所取代。

按照政府工作报告的要求，从 2016 年 5 月 1 日起，金融业、建筑业、不动产业和生活服务业的营业税将全面改为增值税。王军的原话是这样的：

这次“营改增”不同于以往，数量大，涉及近 1000 万户纳税人；时间紧，实际准备时间不到两个月；此外，首次涉及自然人缴纳增值税征管，如个人二手房交易；还有很多新增纳税人过去基本没接触过增值税，税务部门准备任务艰巨。

在2016年减税的大背景下，王军局长的表态似乎在表示增税的概念。那么，房地产行业从营业税改为增值税，究竟是增加了税负，还是减少了税负，这是大家最关心的问题。

但是，这个最核心的问题，目前由于国务院的方案还没有出台，其实很难回答。在过去征收营业税的情况下，二手房交易需要缴纳5%的营业税。2016年2月19日，作为刺激房地产去库存的一环，财政部决定对房地产交易环节的契税、营业税进行重大调整。新规规定个人将购买不足2年的住房对外销售的，全额征收营业税；个人将购买2年以上（含2年）的住房对外销售的，免征营业税。通过这次营业税、契税的调整后，房地产交易环节的营业税和契税政策基本回到了2008年大救市的水平。

如果营业税改成增值税，不考虑税收的减免优惠，可能适用的税率有6%、11%的税率，以及少数可能适用的3%的征收率。由于营业税是对销售额进行征税，而增值税仅仅是对“增值”部分进行征税，所以，在未来总体设计的时候，最主要的原则是体现税负“只减不增”的原则，并且能够体现现有的税收优惠政策。

从中国房地产领域税收体系看，目前最大的问题是交易环节税费太多，而持有环节税少。从国际比较的角度看，我国房产税税费不仅不算低，而且很高，与房地产开发和交易有关的税费高达60多种，保守估计占房价的比例在40%以上。这意味着，未来地产领域税费改革应该大幅度减少交易环节的税收，调整结构。这也意味着“营改增”之后的增值税的基本原则是比以前的营业税要减少，至少不能增加。

上述负责人进一步表示，税制改革政策设计时，是要保证平稳过渡。原来营业税是5%，改成增值税后，要么通过核定征收的办法，确定征收率，这并不是常规增值税征收的办法，后续再慢慢调整到常规征收办法；要么通过配套其他政策的调整，保证整体税负不会有太大变化。

但是，由于增值税自身的特殊性，即使在税负不增加的情况下，增值税只对增值额征税意味着，增值越大，征税越多。这在实际层面对房价具有抑制作用。就心理而言，对于未来房地产市场的稳定具有一定的意义。

但是，从房地产长期稳定的角度而言，“营改增”只是房地产税收体系改革的第一步。中国房地产税收体系各种不适应的乱象很多，比如，未来的房地产税的问题，至今没有破局。房地产领域税费改革的大原则应该是为中国房地产的稳定健康发展构建一个合理的税收体系，而不是增加或者改变一个税种这么简单和粗糙。应该抓住税费改革的有利时机，对中国现有的不合理税制进行彻底的改革和重新的设计。

购房者最担心的是，以前已经很重的税负降不下来，却又增加新的税种。比如，以前税务部门只谈房地产税的出台而不谈其他税费的减免，这样的改革无异于在本来已经很重的税负基础上，再加税。而在购房者对房价没有任何话语权的情况下，这样的税收最终会转嫁给购房者。因此，房地产领域的税费改革应在维持现有税负水平的基础上，调整结构，而不是只强调收税，却不理会其他税种。

过去每次税改，最后都沦为增税的代名词，希望这次真的不一样。其实大家都明白，房地产这个大蛋糕里，最大的受益者是各级地方政府，去房地产库存的关键是房价下降，房价要降的关键是税费能真正有一个下调。其实这是一个“斗地主”的游戏，对于购房者而言，这个游戏链条上的所有利益方如果都不肯让利，购房者的唯一的武器第一是等待，第二是等待，第三还是等待，看谁耗得过谁。两只乌龟比耐心，总有一个有忍不住动一下的时候。

到底多少钱够养老，1000 万够吗？

文 | 马光远

到底多少钱够养老？5 年前，北京师范大学的教授钟伟给出了一个让所有人都急出一身冷汗的数字：如果中国的经济增长、居民货币收入增长以及官方的发钞节奏都没有根本改变，类似京、沪、广、深这样的一线城市，预备 1000 万元养老也未必够。

2013 年，汇丰发布了一份全球退休生活调研报告，覆盖了全球 15 个国家和地区。对于最受关注的退休收入数据，调研显示，要确保舒适的退休生活，中国内地受访者每年平均需要约 16.61 万元的退休收入，而在亚洲的受访国家和地区，这一数字平均每年约为 25.75 万元，全球平均约为 21.46 万元。

调研也显示，中国内地受访者预计退休生活会持续20年(全球平均18年)，相应的退休储备并不充足，平均只够10年之用，还有10年的缺口，略高于全球平均8年的缺口水平。那么，一个人养老到底要准备多少钱?关键是看你属于哪一类人，例如，渣打银行对中国177位精英人士的调查表明，平均需要挣得370万美元(约2400万元人民币)方可富足退休。

为什么要攒养老的钱?一是如果你要维持一个更加体面的生活，单靠养老的那点工资肯定不够；二是我们的养老金还存在很大的缺口。当然，关于养老金的缺口，多年来各界一直争论不休，但到现在为止没有一个准确的答案。有说几万亿的，也有说几十万亿的。路透社的一篇文章估计，未来20年，中国的养老金现金缺口可能高达11万亿美元。

对此说法，中国人保部给出了不同的说法，部长尹蔚民说，2015年我国企业职工养老保险总收入为2.33万亿元，而支出为1.98万亿元，当期结余3458亿元，累计结余3.06万亿元；此外，城乡居民养老总收入为2315亿元，总支出1572亿元，当年结余743亿元，累计结余3843亿元。所以，人社部认为中国的养老金不存在缺口。中国的一些机构，包括社科院的社会保障研究中心的数字则认为，中国的养老金缺口高达4万亿以上。

由于各种各样的原因，养老金缺口也许说不清楚，但养老金存在缺口应该是一个大概率的事件。最近我看到一篇报道说，美国的养老金缺口巨大，美国斯坦福大学一项最新研究表明，美国养老金体系产生3.4万亿美元资金缺口。这一庞大缺口将对市、州级政府构成财政压力，必须开源节流避免破产。英国《金融时报》10日援引这项研究结果报道，美国养老金缺口的实际总规模是官方数字的3倍多，而且缺口仍在扩大。

但是，不管美国的养老金缺口有多大，美国的老百姓似乎并不担心养老的问题。这种不担心养老金出问题的情况不仅仅在美国，在希腊都很普遍。一般情况下，在社会保障比较健全的国家，除了政府和研究机构，居民从来不会关心自己未来养老需要多少钱，他们只需每个月在指定的时间到指定的地点去领取自己应得的份额。至于养老金缺口有多大，那是政府该烦心的事。

也就是说，如果社会保障比较健全，不管养老金的缺口大小，不管未来的生活资费如何变化，在欧美等发达国家，迄今还尚未发生政府拒付养老金的案例。至于养老金的缺口怎么解决，寅吃卯粮也好，东借西凑也罢，都是政府的分内之事。对于一个比较正常的社会而言，居民更担心的应该是有无完善的社会保障体系，而不是需要多少钱可以养老。

也就是说，养老金缺口不是中国独有的事。在2008年金融危机爆发之后，美国有很多专家分析未来美国养老金体系何时崩盘。美国现在差不多是3个工作的人养一个老人，养老金的确面临崩溃的边缘。而且，美国政府财源有限，未来究竟如何化解这个危机，也许只有上帝知道。

相对于美国的养老金缺口，不管中国的养老金缺口有多大，就解决养老金的财源而言，中国的办法远多于美国。庞大的国有股权其实就是中国人未来养老的保障和蓄水池。这是让很多国家都非常艳羡的事。最极端的办法，就是把所有的上市公司国有股划转到社保，养老金缺口问题立即就会成为一个伪问题。另外，将每年的“三公费用”压缩大半，也将缓解很多压力，办法总比困难多。

其实，中国养老金体系最可怕的不是什么缺口，而是即使是有限的养老金也缺乏保值增值的途径。在股市非常调皮的情况下，养老金入市一直雷声大，雨点小。在投资渠道狭窄的情况下，养老金的收益极为可怜，甚至跑不赢通胀。如果养老金没有一个确保其安全的专业队伍和专业机构，没有设计好的投资组合确保增值，无论积累多少，养老金都面临缩水的危险。在没有人帮你运作的情况下，不管赚多少钱，你都不敢说你未来的养老有保障。即使你有1000万，面临恶性通胀，也确保不了你有一个幸福富足的晚年。

当然，在养老金的投资体系和专业能力提升之前，你大可不必把自己的未来全部寄托在政府身上。你可以为自己的老年生活做一些投资组合，让其增值。在中国，有一个富足晚年的关键在于如何设计自己的投资，如何为未来做好准备，而不是等着可怜的养老金。更不是靠傻乎乎地攒钱，因为钱是会贬值的。30 年后，等你退休的时候，你会发现，1000 万原来这么不值钱。

不要把鸡蛋放到一个篮子里，这句话对养老也是适用的。

医生被砍，谁来给你看病？

文 | 肖锋

广东医生被砍身亡事件又一次撕裂人群。医患矛盾近年日渐升高，不断冲击人们的心理临界点。姑且不论谁对谁错，单就网络中那么多发泄愤怒的和幸灾乐祸的人，就能判定这个社会病了，而且病得不轻。

谁之过？我相信，很多骂医生的人，第二天有病了还是会上医院看病。可医生频频被砍，谁还敢给你看病？

如果医患都是弱势群体，那谁强势？

让我们从一个心理学概念说起——“相对剥夺感”（Relative Deprivation）是指当人们将自己的处境与某种标准或参照系相比较而发现自己处于劣势时所产生的受剥夺感，这种感觉会产生消极情绪，可以表现为愤怒、怨恨或不满。

在医患矛盾中，谁感到被剥夺了？

1. 和以前比感觉被剥夺了。医改前看病可没这么贵过。现在，高企的药费、过度医疗加之医生不敢担责让患者感觉："唉，这病，真瞧不起！"

我的医生朋友说：

我看过北医一家医院的病理报告，诊断措辞慎重，明明知道是恶性肿瘤，诊断却用模棱两可的词，让病人看不懂，可怜我的同行们——医患关系越是紧绷，医生越是不敢下决断。越是为了保险起见，越是要让你做过度检查，结果花了许多冤枉钱。

2. 和公费医疗人群（公务员和官员）比感觉被剥夺了。为什么我们看病不能报而他们可以全报？而且一人公费全家沾光？在我国医疗支出中有多少是花给公费医疗的，有多少是花到百姓身上的？谁能给出一笔账？

3.《白衣女孩怒斥号贩子》事件，表面上看是被号贩子剥夺了，实际上是被医院内鬼和医疗资源过分集中的大城市三甲剥夺了，你不到号贩子那儿买号就瞧不上病。

4. 也是被忽略的，就是医生也有相对剥夺感。他们少则学 6 年多则学 8 年，工作后却承受巨大身心压力，价值实现不匹配，不被社会理解。

当然，医生中有收红包的，有过度开药的，但也有累倒在手术台上的。医生的价值观和道德并不比你我差，不要过分用道德绑架某个职业群体。一个职业群体创造的价值应与体面的报酬相匹配。

医生的收入该有多少？是否和付出的智慧精力成比例？ 2014 年《福布斯》公布的美国最高薪酬 10 项职业榜单中，其中有 7 项来自医疗行业——外科医生（233150 美元）、全科医生（187200 美元）、精神科医生（178950 美元）、牙医（149310 美元）、牙科医生（146340 美元）、石油工程师（130280 美元）、航空管制员（122530 美元）、药剂师（116670 美元）、脚科医生（116440 美元），第十名为律师（113530 美元）。

但中国的医师们可排不进收入前十，只是中等收入罢了。不少人只能求之于灰色收入。

一位著名的脊柱骨科医生，坦白了一份绝对真实的清单。

一个 80000 元的手术：

医生的手术费是 1000 元，大约只占全部费用的 1.25%；

医院、病房、手术室的收费是 12000 元，占 15%；

药品需要 8000 元，占 10%；

手术内固定物（固定腰椎用的）60000 元，占全部费用的 75%。

可见药品公司和器械代理商赚走了巨额利润。器械代理商答复约 5% 会作为回扣给医生，也就是 3000 元。医生在这种复杂、高难度的手术中收入 4000 元，其中 3000 元被称为灰色收入。

一名患者倾家荡产地去治病，却未能医好病，这是医疗界的莫大耻辱。一个医生付出多年的学习，付出自己的智慧、汗水去工作，做着救死扶伤的高尚职业，却不能光明正大地成为高收入者，这也是社会的耻辱。

如果医患都是弱势群体，那谁强势？是号贩子吗？是院长吗？是药品公司吗？是医疗器械代理吗？还是公费医疗群体？

如何突破医生被砍的医改困境？

个人看病难和医改大背景有关。社会学视角看个人境遇，只有到大的社会背景中才能看得清。比如下岗：个人再努力也无法改变凭关系和垄断的大社会格局。不改造不合理的社会现实，让个人励志意义不大。

什么是必须改变的医改大背景？

首先是医疗资源短缺问题。莆田医院事件让人黑民营医疗，可从发达国家的经验来看，民营医院或者说私立医院往往是高品质的代名词。公立医院主要负责提供基础性的保障，至于更为高端的医疗服务以及各类疑难杂症的处理，主要交给私立医院来处理。在人家的医院体系中，并没有出现诸如“莆田系”之类的怪物。

中国的问题不是私有化的问题，而是私有化得不够！

“莆田系”凭借庞大的资本和政商关系，能够顺利扩张，而真正需要开设综合医院的私有资本无法进来，也不愿意进来。“莆田系”是“公办私营”的怪胎，其实还是监管和市场化不够所致。一方面要监管公立医院，另一方面要打破垄断发展私立医院。

一方面过度商业化，医院和医生为实现利益最大化，导致药价畸高，导致通过与外来机构合作谋利。另一方面又市场化公费医疗不足，优势医疗资源都垄断于大城市的三甲医院，资金、设备、评级（包括职称评定等），没有多少民营医院可以成长的空间，民营医院就难免“剑走偏锋”，有的就走邪门歪道。

监管、监管还是监管。

其次，是医疗资源过度集中的问题。过度集中导致院长腐败、主任腐败和号贩子盛行。有人为能住进 301 医院花了二十万。总比贻误病症要好吧？总比只为少数人服务要好吧？总比花上千万美元进一台医疗设备只服务少数几个高干要好吧？

是权力更公平，还是金钱更公平？不改变医疗资源的高度集中，怎么都公平不了。

最后是医疗收费制度问题。美国实行强制的全民医疗保险和商业医疗保险两种制度，用以覆盖全体国民的基础上，再以商业保险作为补充。低保者看病基本可以不用钱，但如果你不在任何一种保险范围内，看个感冒发烧都得花上一大笔钱，更不敢提得大病了。

中国的看病贵问题在于，未建立美国式的全民医疗保险和商业医疗保险相结合的制度，却敢收美国医疗的高昂费用。有了大病只有倾家荡产，老人倒了扶不起。

不少广东朋友在声援那位遇难医生。之前，医护人员还演练过戴头盔、练搏击、配警棍、备辣椒水…… 他们所采取的这些措施与其说是为了自我保护，不如说是一种黑色幽默。

2013 年的一项调查显示，仅有 10%的患者信任医生。而 2014 年在另一份对医务人员的调查中，87% 的人反对自己的子女学医。这就是我们社会的“负和游戏”——极少数赢家，全是输家。

未来，谁来给你看病？

征收交通拥堵费，到底便宜了谁？

文 | 肖锋

英国老牌自由主义媒体《经济学人》对北京征收拥堵费的看法是：中国人喜欢开车，却不想为此多交钱。

车是私人物品，路是公共设施，使用公共物品当然要交费。免费是最贵的，贵到大家走不了路，办不成事，不如用货币抉择。

社群公平问题

第一，收拥堵费是个社群公平问题。

怎么交，谁交，凭什么他们不交？

对于那些住别墅、开豪车、家里拥有多辆车的人来说，再高的拥堵费在他们眼里也是小菜一碟。如果最终拥堵费限制了大众的出行，反而成了给有钱人“花钱买通行权”，显然有失公共道路路权的公平。

国际上有一个通行指标，人均交通成本占人均可支配收入的比重不超过8%。参照北京市收入来算，北京的用车成本约为每年4000元。以在北京东北二环上班为例，一周可以有4天开车上班，一天30元的停车费，一年开车上班的停车费就是5760元。仅这一项，已经远远超出平均用车成本……对普通车主，这公平吗？

新加坡的公共交通网络非常发达，覆盖面广，且价格十分便宜，去较远地区的公交价格也只有2新币，与购买车辆比起来，居民更习惯使用公共交通。请在便捷公共交通的基础上再谈拥堵费。

此外，“拥堵核心位置的二环内聚集着大量的国家机关，他们拥有的公车该如何收费、收多少都是绕不过的问题，甚至牵扯到公车改革”。公车拥堵费还得个人交，否则还是花纳税人的钱。京城560万辆汽车，多少是公车？（有统计70多万辆）

当然，交费的目的是提倡公共交通。曾有官员坐公交，愣是没挤上去，最后走路上班。为官员挤不上公交车最终步行上班叫好，这样制定政策才接地气。

法治问题

第二，收拥堵费是个法治问题，不是一个民主问题。

我是不开车的，但要为车主说句话。

首先是所谓民意所向，认为那些开车的污染空气，就该多收他们的钱。汽车也是物权，对于公民合法财产权或使用权的剥夺，是不能简单地适用多数决定原则的。要不然，在网上做一个调查：把王思聪老爹的所有财富平均分给所有中国人，你赞同吗？我估计这赞成率可能相当高。

收拥堵费是个法治问题，不是一个民主问题。拥堵费应具有合法性。2014年修订的《立法法》新增规定，没有法律依据，地方政府规章不得随意增减公民、法人和其他组织的权利或义务。当时，舆论纷纷叫好：这下政府“限行”“限购”

不能再任性了。事实并非如此。

收拥堵费依据的是哪条法律？人大授权了吗？公共政策经过听证了吗？（不是“托儿证会”，要找普通车主当代表）

英国、新加坡收拥堵费，但人家没有限号、没有限行，而北京解决拥堵是一直在做加法，直到让开车的人越来越开不了车。已经出台了包括单双号限行、限购令、提高停车费等措施，包括摇号、拍卖牌照、提高燃油费在内的控制方法，但拥堵的状况始终难以改善。未来，征收拥堵费是一招“必杀技”吗？未必。

拥堵费可以收，但是要补贴公共交通。钱用在哪里，会不会公开费用明细？有没有发票？如果还堵能退吗？

头疼医脚

第三，城市规划有病，审批经济有病，让车主吃药，这是最大的不公平。

为了保护文物和古建筑收拥堵费没意见。但拥堵问题，不能规划有病，审批经济有病，却要全民吃药。

北京城市“摊大饼”的规划积重难返，三环以内集中了过多的政府机构、大公司、各类驻京办。

“城市副中心”的建设会对北京的交通格局产生重要影响，怕只怕，白天去通州上班（办事），晚上回三环睡觉，交通量倍增。

第四，审批经济问题。北京是大圈圈里套中圈圈，中圈圈里套小圈圈，小圈圈里就是印把子——就连县级都要建个驻京办呢，不搞关系行吗？为什么三里河国家部委周边那么多收购礼品的小铺？拥堵费只是增加大家办事或送礼的费用，再贵的拥堵费也得去办事呢。

马云说，凡是能用钱解决的问题都不是问题。应该说凡是动用钱的，事关公众利益，都是大问题。为各自利益去争，虽牺牲了效率，却是个社会进步。

以房养老？别开国际玩笑了

文 | 马光远

2014 年 6 月 23 日，保监会下发《关于开展老年人住房反向抵押养老保险试点的指导意见》，决定自当年 7 月 1 日起，在北京、上海、广州和武汉四地率先开展老年人住房反向抵押养老保险（即以房养老）试点，试点期为两年。到 2016 年 6 月 30 日，试点两年的“以房养老”迎来“大限”。两年时间，究竟有多少人响应？

告诉你，截至 2016 年 7 月，北京、上海、广州、武汉等四大试点城市只有 60 户投保，而且只有一家保险公司，也就是幸福人寿推出了相关产品。这几乎意味着，被一些人吹得神乎其神的“以房养老”政策彻底失败。

我对“以房养老”这个政策最终失败一点都不奇怪，因为，这本来就是一个画饼充饥、缘木求鱼、异想天开、匪夷所思的、最终结局只有失败一种可能的政策。这个政策的基本构思是这样的：一个人 30 岁按揭买了房子，在 60 岁退休的那一年终于还完了贷款，但为了养老，他在60岁的时候通过“反按揭”的方式，把房子卖给了金融机构，金融机构每个月给他一定的养老金，直至终老。

这种“住房反向抵押养老保险”，也就是很多国家流行的“倒按揭”的以房养老模式。比如你买房子的时候做一个按揭，交了首付，然后每个月还房贷。以房养老就是一种倒按揭，保险机构或者金融机构按照一个评估值，每个月给你一定的养老钱，养老送终，最后房子的产权归保险机构或者金融机构。

这种模式在美国、日本、德国、加拿大都存在，但在任何一个国家，这样的模式都只是一个补充的非主流的养老模式，也完全是出于老人和金融机构的自主选择，适合的人群非常小，也即“小众”的养老方式，本不值得大惊小怪。

但就是这么一个“小众”的养老产品，却被某些人吹捧成解决中国养老问题的钥匙。原因何在，就是面对中国养老金未来巨大的缺口，我们几乎到了病急乱投医的程度。一个不可否认的事实是，由于双轨制、历史欠账、计划生育导致的人口结构和老龄化趋势加快等原因，中国官方建立的养老金体系基本无法满足国人的基本养老需求。

相关机构对我国养老金缺口的测算

研究机构	测算时点（年）	截止时点（年）	规模
博源基金会（中国银行课题组）	2012	2033	占2033年GDP的38.7%
博源基金会（德意志银行课题组）	2012	2050	占2050年GDP的75%
中国社科院	2011	2050	占2050年GDP的95%

数据来源：根据公开资料整理

现行体制下基本养老金缺口预测（亿元）

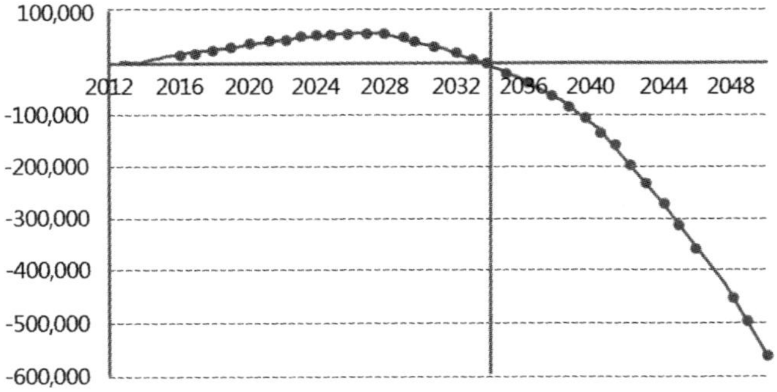

数据来源：资本市场研究网，2014 年数据

在养老领域，中国的基本国情一是老年人口多。目前中国超过 60 岁的人口已经过 2 亿，中国是目前全球唯一的老年人过亿的国家。到 2030 年，中国的老年人口将超过 4 亿，进入深度老龄化阶段，中国养老的基本结构将是 2 个劳动力养活一个老人，这意味着，即使没有历史亏空和巨大的缺口，未来的基本养老体系几乎面临崩溃。二是未富先老。人口结构和我们相似的日本，尽管老龄化程度和我们不相上下，但其作为高收入国家，在养老问题上的压力远小于中国。

面对养老金的巨大缺口，大家纷纷提出解决之道，有提出延迟退休的，有提出“以房养老”的。必须明确地指出，政府的基本养老金和“以房养老”本不是一回事。

基本养老金是政府必须提供的公共产品，是政府给民众的承诺和责任。而“以房养老”本质上却是一种市场提供的“私人产品”，在中国也可认为是一种金融创新，是金融机构提供给有房的老人的一种金融产品，金融机构通过一定时间内定期支付给老人一定的金额，在老人去世后获得老人住房的所有权。

很显然，这和政府的基本养老金之间没有任何替代关系，老人不管有没有房子，不管是否选择“以房养老”，都不能替代政府提供基本养老金这个公共产品的责任。

然而，在养老金面临极大缺口的情况下，政策的制定者很显然“有意”在混淆公共产品和私人产品的界限，混淆这种界限的好处很明显：通过不断地刺激民众的神经，弱化他们对主流养老体系的期待，在养老领域转而寻求自我救济。如果不能明确“以房养老”的性质并且有意达到这种违约的目的，只会打击民众对主流的养老体系的信心，中国的养老制度将面临极大的信任危机，从而引发很大的不安和社会问题。

日本 65 岁以上人口抚养比快速上升

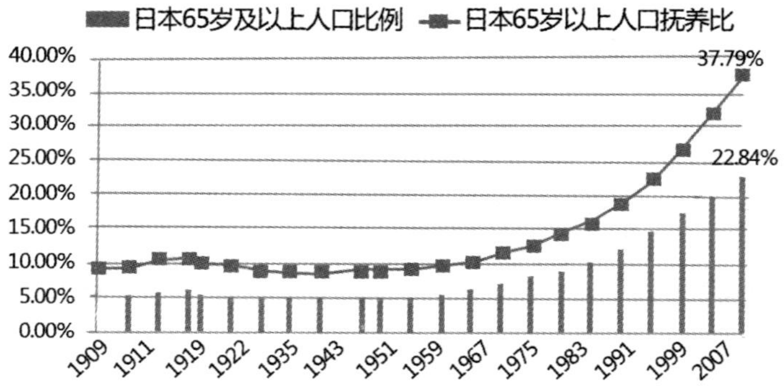

日本人均国民收入及同比增值

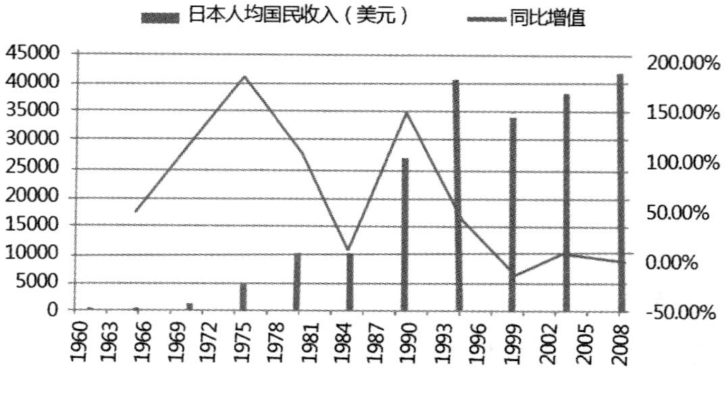

我国人口年龄分布

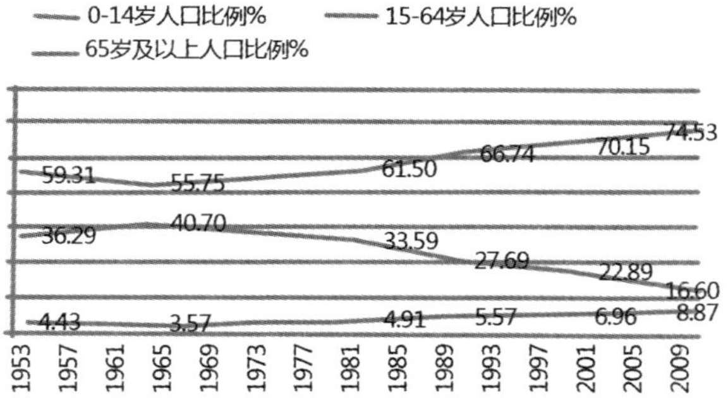

我国 65 岁以上人口抚养比加速上涨

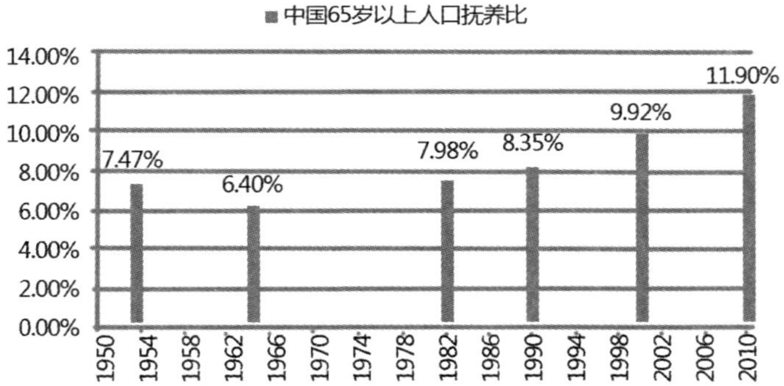

数据来源：产业研究

但很显然，由于中国人把房子留给子女的传统，以及房价的不断上涨，把自己的房子反向按揭的积极性实在不高。四大城市只有 60 户参与就已经说明问题。

我想说的是什么呢？面对中国养老金的巨大缺口，我们必须想方设法填补缺口，以应对老龄化的来临。但未来任何的应对之策，都应该是夯实政府的养老责任，而不是减轻或者逃避。不管是变卖国有股，还是在人口政策上积极调整，唯一不能采取的办法是违约或者变相违约延期支付，这都会打击民众对未来的信心。

“以房养老”在制度细节不完善的情况下，老人们是会算清楚这个账的，如果没有什么真金白银的激励措施，老人们凭什么把自己的房子反向抵押给保险公司呢？他还不如选择卖掉，拿到所有的钱，买一笔保险，每月有个固定收益，然后用这收益租个比以前更好的房子养老呢。

总之一句话：骗我可以，但请注意智商！

你干吗要抵制洋货？

文｜肖锋

“韩货日货肯德基，丰田本田苹果七。国难当头不能买，买了助敌打南海。只要人民都不用，日美韩菲就得穷！就算不能上前线……在家也能做贡献！”

到底要不要抵制洋品牌？

所骂的“洋货”，不过是另一种“中国制造”罢了。

中华民族利益于现代化。解放前国人人均寿命 40 岁，现在 74 岁，你以为是中华养生之功吗？是西方现代医学和科技。如果你坚决抵制，干脆连互联网和抽水马桶也一起抵制算了，因为这都来自西方文明，都是通过贸易和企业行为引进的。

其实中外品牌早已融为一体。有些所谓洋货不过是另一种“中国制造”。连国家都在 CNN 上打广告辩解，所谓“中国制造”概念，是“全球资源，中国整合”而已，所以西方不要制裁中国，制裁中国就是制裁你们自己。

外资在中国各领域投资金额

指标	2014 年	2013 年	2012 年	2011 年
实际利用外商直指投资金额（万美元）	11956156	11758600	11171600	11601100
农、林、牧、渔业实际利用外商直接投资金额（万美元）	152227	180003	206220	200888
采矿业实际利用外商直接投资金额（万美元）	56222	36495	77046	61279
制造业实际利用外商直接投资金额（万美元）	3993872	4555498	4886649	5210054
电力、燃气及水的生产和供应业实际利用外商直接投资金额（万美元）	220290	242910	163897	211843
建筑业实际利用外商直接投资金额（万美元）	123949	121983	118176	91694
交通运输、仓储和邮政业实际利用外商直接投资金额（万美元）	445559	421738	347376	319079
信息传输、计算机服务和软件业实际利用外商直接投资金额（万美元）	275511	288056	335809	269918
批发和零售业实际利用外商直接投资金额（万美元）	946340	1151099	946187	842455
住宿和餐饮业实际利用外商直接投资金额（万美元）	65021	77181	70157	84289
金融业实际利用外商直接投资金额（万美元）	418216	233046	211945	190970
房地产业实际利用外商直接投资金额（万美元）	3462611	2879807	2412487	2688152
租赁和商务服务业实际利用外商直接投资金额（万美元）	1248588	1036158	821105	838247
科学研究、技术服务和地质勘查业实际利用外商直接投资金额（万美元）	325466	275026	309554	245781
水利、环境和公共设施管理业实际利用外商直接投资金额（万美元）	57349	103586	85028	86427
居民服务和其他服务业实际利用外商直接投资金额（万美元）	71813	65693	116451	188357
教育实际利用外商直接投资金额（万美元）	2097	1822	3437	395
卫生、社会保障和社会福利业实际利用外商直接投资金额（万美元）	7757	6435	6430	7751

再比如电脑，就算用的是联想，你用着外国制造的处理器，用着别人的系统，然后来告诉我用外国货就是汉奸叛徒，只有用华为才是爱国，这叫什么逻辑？华为就能算纯国产吗？华为的系统不也是安卓吗？

只要是在中国消费和纳税的普通人，在中国做生意开公司的企业主，都对这个国家有一份贡献，人们享受的社会服务中都有他们纳的一份税。请某些人不要为难这些普通人，他们只是想合法享受地球文明而已。

孔子有句名言，己所不欲，勿施于人。其实，己所欲也勿施于人，不要将自己的想法强加给别人好吗？

洋品牌为何底气十足

不错，洋货是该严管。苹果售后门和三星字库门、洋奶粉涨价潮直到2016年7月宜家起初拒绝召回“夺命衣柜”，还有ZARA、范思哲、路易威登、巴宝莉、阿玛尼、香奈儿、迪奥等国际大牌在中国抽检发现质量问题……洋品牌为何在中国市场底气十足？

一方面，洋品牌掌握了最新的技术和时尚潮流，属于卖方市场。另一方面，洋品牌掌握了进口商品渠道和销售体系，拥有定价权，国内消费者选择余地较小。同时，洋品牌占有优势市场地位。

更主要的，本土品牌不给力。国产品牌大多创新不足、山寨十足，重炒作、轻质量，所以董明珠们才要打新国货标准嘛。还有，国人自己不自信。达·芬奇家具、马可·波罗瓷砖都是国产的，美国加州牛肉面大王在美国没店，吉野家和日本吉野家不是一家，法国卡姿兰都是地道广东货，卡尔丹顿纯正深圳货，乔丹运动鞋跟Jordan没关系。还有各种PLAYBOY花花公子、各种老人头跟人家本尊没有半毛钱关系！

一边是崇洋，一边是仇外，两种病都得治。

1996年，《中国可以说不》一书的口号是“丢掉幻想，准备战斗！”被西方评为“肤浅青年的无知与孤傲”。当下“说不”的方式改用鼠标了。仇外症一直伴随着改革开放，“让世界充满爱”那是歌词。

仇日：保钓、教科书、靖国神社……愤青奋起抵制日产汽车、电器和动漫，却收效甚微。

反美：美国人难懂“为什么世界上的人都想学我们，却又恨我们”。消费麦当劳、可口可乐、米老鼠长大的一代，开始用麦当劳的方式行事，追求JUST DO IT。这些都是所谓“美国梦”的一部分。然而，美国却是中国人最恨的国家之一，同时又是最想去的国家。

2007—2014 年度美国投资移民人数及中国占比

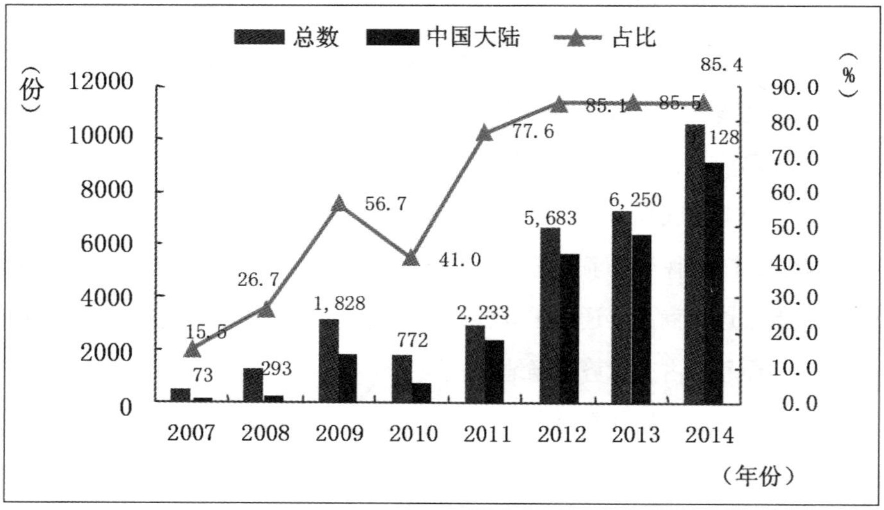

数据来源：新浪教育 http://edu.sina.com.cn/a/2015-03-20/1146258457.shtml

一边崇洋，一边仇外，这一对冤家，都是病症。

打铁还须自身硬

中国的产品质量评价体系和相关法律制度不够健全，不少产品的国家标准落后于国际标准，怨不得跨国企业“钻空子”。得把自己的漏洞补好了。

保护是保护不出国际品牌的，“中国制造”还须自身硬起来。

中国品牌立于世，靠企业也靠个人。大国崛起，靠理性、建设性的大国民崛起。不要靠谩骂同胞刷存在感，不要靠依附强权找价值实现感，要靠强大的内心。

开征房地产税，吃相别太难看

文 | 马光远

财政部部长楼继伟 2016 年 7 月 23 日在 G20 财长和央行行长会议上称，很遗憾房地产税和个人所得税改革还没推出来，原因是信息收集能力弱，而且涉及利益调整所以受到阻碍。“这是个难题，也是我们的任务，我们要义无反顾地做。”

在我看来，个人所得税改革的确需要“义无反顾”，因为已经被耽误了很多年了。目前世界上很多国家都已经实施了分类与综合相结合的税制，我们却仍然停留在落后的分类税制的阶段，过去多年相关部门以种种借口，包括信息不全等推迟这项改革。应该明白，个税制度是决定一个国家竞争力的一项重要制度，长期落后的个人所得税并不利于国家经济的转型和创新，不利于财富的创造。

然而，房地产税却是另一回事。

这一两年，对房产税热衷者大有人在，不乏一些学者。一些学者甚至断言2017年会开征。在此我就不点名了，在房地产税（甚至这个名词）的很多问题根本没有说清楚的情况下，鼓吹尽快推出者，按照我的恶意揣测，不过是希望有资格参与立法，成为立法小组专家成员而已。

我之所以一直呼吁房地产税缓行，并不是因为什么信息收集、房地产登记这些技术层面的障碍，而主要是因为，在现有的框架下，很难确保房地产税按照理想的改革路径，起到房地产税真正的目的。如果从税收改革的视角而言，通过对房地产领域现存的各种税费的规范和调整，在总体税负不改变的情况下增加多套住房持有环节的税收，减少或者取消交易环节的一些不合理的税费，通过设置合理的房地产税收体系给房市以明确的制度预期，以保房价稳定，并使房产税成为地方的主要税源，这个大方向没有任何问题。

但问题的关键是，经过十多年的争论，无论是征收目的，还是征收环节等基本问题的分歧越来越大。在十八届三中全会提出“加快房地产税”的立法之后，问题更为复杂，究竟“房地产税”就是以前讨论试点的“房产税”，还是一个新的税种，还是所有与房地产有关的税收的总称，十八届三中全会没有明确，专家学者有各种不同的解读。

我认为，在真正立法之前，起码应该明确回答三个问题：一、能做到征收房地产税取消土地出让金吗？二、能做到在征收房地产税这个新的税种的同时，取消交易环节的其他税费吗？能做到不增加税费负担吗？不要忘了，中国目前涉及房地产的税费，加上土地出让金，保守估计占到房价的60%到70%了。三、征收房地产税的目的是什么？欧美等国，有房产税的，都是用于地方民生，我们的目的是什么？

2014年财政部长楼继伟在《求是》撰文提到房地产税构想。他称：

总的方向是，在保障基本居住需求的基础上，对城乡个人住房和工商业房地产统筹考虑税收与收费等因素，合理设置建设、交易、保有环节税负，促进房地产市场健康发展，使房地产税逐步成为地方财政持续稳定的收入来源。

从楼的描述可以看出，房产税的立法是一项重大的系统工程，其影响遍及政府、开发商和每一个民众。其不仅仅是新设的一个税，而是要对房地产领域的税费体系进行重新设置，甚至可以讲，这是一项推倒重来的工程。既要增加新的税，还要减少旧的税费，以及对土地出让金和土地使用年限制度的重大调整。

这么重大的工程，怎么可能在2017年就推出？这么多的问题如果不严密论证，科学评估，慎重推行，为了某种极其功利的目的仓促推出，实在令人匪夷所思，一些学者在自己没有搞清楚的情况下极力呐喊更是让人觉得有不可告人的个人目的。我最担心的结果，就是在土地已经卖得差不多的情况下，房地产税沦为地方政府创收的工具。

在一个群里讨论房地产税的问题，令我欣慰的是，很多专家都表示对这项改革绝不可轻易鼓励。一位税收领域的专家指出，房地产税改革，如果“法定主义做不到，增新税减老税做不到，公平核定房产的价值做不到，给地方人大政府赋权做不到，专款用于民生做不到”，那这项改革的进步意义就极为有限。可谓一语中的。

房地产税真的很复杂，在我们现在根本搞不清楚某人有几套房，甚至搞不清楚谁和谁是夫妻的情况下，就贸然征收，手眼通天的一定赶在征收之前把自己手头多余的房子弄到别人名下，这是可以想象的必然结果。

所以，要征房地产税，还是把很多需要说明的问题论证明白了，再征收也不迟。房产税的当务之急是通过广泛的讨论，形成基本的共识，而不是着急出台一个不成熟的没有共识的法律文本，急吼吼地收税。

贪吃是可以的，但吃相真的不要太难看。

不涨价才是缺德

文 | 王福重

2016年7月19日北京大雨，我正在广州，没赶上。不过，半夜到首都机场时，出租车排大队，要等三四个小时，也打不到网络约车，只能乘机场大巴。

一下雨，就会争论，该不该涨价，这次，北京大学的一位教授说，趁下雨涨价，是不道德的。这位教授代表了多数人的看法，趁火打劫，一直是缺德的标志。

这是似是而非的糊涂观念。

下雨，打车（包括出租车、网约车、黑车等，以下同）的需求突然增加。因为对打车服务的主观评价，发生了变化，同样是坐车，愿意比平时支付更高的价格。淋雨不舒服，还可能感冒发烧，是有危险的。多花点钱，就可以规避风险，保平安。

价格的本质，是边际支付愿望，是主观的，不是客观的。王菲唱歌，有人觉得天后水平，几千块也接受，有的以为就那么回事，一百块也嫌多。但是，王菲的嗓音是客观的，你喜欢不喜欢，它就在那里。丰收时粮食便宜，减产时就腾贵（平准书用语），但粮食的物质构成，不增不减，这道理是一样的。

需求增加，不涨价，就发生拥挤即打车难。

怎么办？市场的拿手好戏，正是解决此类问题。

市场的自然反应是涨价，一涨就灵。

先看乘客的反应。涨价后，需求量下降，即使对打车的评价提高了，对有些客人来说，实际价格（比如2.5倍）还是超出了主观评价，不值，就选择其他方式，比如公交、地铁、步行（2012年7月21日大雨，我就是步行回家的）。所有认为不值的人，都不会打车，依旧打车的，都是认为划算的。涨价才能显示出谁是最需要打车的，也就是谁的需求更急迫，价格不动，就显示不出来。

再看司机一方。下雨，即使不涨价，他们也将发现，钱好赚，不用空驶等待了。过去一天跑十个小时，才会赚到满意的收入（比如300块），下雨后，三个小时就可以了。

司机有可能会多拉快跑，但这仅仅是一部分司机的选择。虽然多拉快跑多赚钱，但已经获得了今天满意的收入，收入进一步增加，对他吸引力下降。这是边际效用递减规则的作用。新增加的100块收入，不如此前100块的收入吸引力大。道理是，司机的时间，有其他用处，比如回家和家人团聚。随着收入的增加，收入的边际效用在递减，但回家团聚（因为更加稀缺）的边际效用却在递增。人们赚钱，是为了满足自己的欲望或者获得效用，在这个意义上，回家和拉活没区别，特别是已经有不少收入后，就更昭彰。

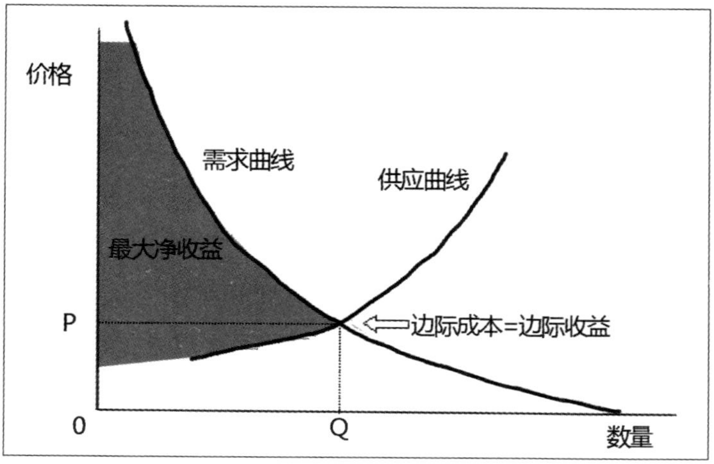

怎么让司机愿意继续拉活，市场的办法是涨价。涨价就可以吸引司机继续多拉快跑，而不是回家，涨价，把司机拉活与回家团聚的临界点推延了。

涨价还可以让本来就想待在家里，不想出车的司机，包括所谓的黑车司机，也冒险把车开出来拉客。冒险因为下大雨开车，可能会熄火，还有其他的危险，成本大为增加。但俗话说，重赏之下必有勇夫，价格涨到一定程度，他们就会离家开车上路。

涨价既抑制需求，又刺激供给，打车难，就没有了。网络约车在忙时（根据大数据）的涨价，正缘于此。我在机场打不到车，就是因为涨价还不够，我的需求很急迫，本来是愿意付大价钱的。

这就是为什么，自打发展出了市场经济，人类就离不开它了。市场机制是人类能够找到的，最好的为人类服务、解决人类大多数困难的手段。市场机制的核心，是价格机制，只要允许价格自由运转，起码不会发生人道主义灾难。

而类似涨价是趁火打劫之类的说法，都是胡说八道。涨价起作用，就在于，它会自动调节所有人的行为，人都是自利的动物，不可能不对涨价发生反应，事情就是这样起变化的。

有人说，还是应该靠道德高尚，行侠仗义的人，义务出车，送人回家。不排除有这样的人，但一定不够多，而硬性要求别人，是没有人性的。不承认这一点，是过去人类多次发生灾难的主要原因。关键是，靠行侠仗义，太不可靠，它们只能是偶尔的，但无法持续起作用。

我们如今不担心吃不到饭，正常情况下打不到车，是因为做行侠仗义的人多，还是有市场？当然是有市场。市场才是让社会安澜的利器，因为它符合人性。施舍，总是不让人安心的。

义务出车，会拉低一个社会的道德，你不信？一个人义务出车，拉十个人回家，这些人是占便宜的，没有占便宜的，就做不成这个义事。每增加一个义务司机，就得搭上十个占便宜的。这个社会是得不偿失的，道德总水平会下降。

不能否认，社会上有愿意行侠仗义的，但也有更多喜欢占便宜，而且养成了占便宜习惯的人，地铁公交涨价他们反对，药品涨价他们反对，最希望的是免费。这种习惯和心态，对整个社会是祸害。

有人指责涨价，是因为让他多掏钱，触动了他的灵魂，这也从反面证明，涨价确实有用啊。

下雨天，涨价才是道德的，不允许涨价，眼睁睁看着在大雨中的人受罪，是看热闹不嫌事大的缺德。

记住，社会在满嘴仁义道德的声音中退步，在人心不古世风日下的声音中大踏步前进。

警惕“养老荒”背后的庞氏骗局，你是不是要“常回家看看”？

文 | 肖锋

经济环境不景气，债务链崩断的事件频频发生。前有 E 租宝等，现在又有了个“爱晚工程”骗局，专骗老年人。这都应了巴菲特那句名言“当大潮退去，才知道谁在裸泳”。

“爱晚工程”变味，三千老人的养老钱被骗

陆航是三家“爱晚工程”成员公司法定代表人和实际控制人。2016 年 6 月 20 日，陆航被刑事拘留，有 2.5 亿至 2.8 亿元的养老储蓄因此“蒸发”，一个“候鸟式养老”的美丽神话也由此画上了句号。

这是一个典型的以老人为猎物的庞氏骗局。相信在当下中国，这类骗局不在少数。其通常的特点可归纳为：

第一，有诱人的远景，许你一个梦想；第二，有政府背书、知名学者背书，或大机构支持；第三，强大的营销手段，业务员或传销式营销；第四，“拆东墙补西墙”，制造虚假繁荣。

有两点需要提醒

一是政府要摆正自己位置。2008 年 1 月，民政部牵头成立了“爱晚工程”，以爱晚集团为企业平台，吸引民营企业共同打造养老服务的全产业链。目前“爱晚工程”有 39 家会员公司，经民政部下属办公室批准后方有成员联盟单位资格。

首先，政府不应为任何商业机构背书，政府就是政府，维护好市场环境，不介入商业关系。其次，一旦出现骗局苗头，尤其是大规模集资，应当及时监管或予以叫停。

二是凡要交纳保证金、若干年后才能返还的集资项目大家都要提高警惕，因为你无法控制这若干年中会发生什么事情。

你为什么要“常回家看看”，因为有人盯着老人的钱。

当前，中国正快速进入老龄化社会，速度之快，令社会养老体系和政策制定者措手不及。过去是家庭养老，现在只生一个，这个延续数千年的养老模式难以为继。靠“只生一个好，政府来养老”吗？

当然不可以。目前出现“养老荒”有这么几个原因：

一是老人群体迅速膨胀，政府养老机构远远不够，民营养老又得不到扶持，连招聘护工都成了问题，据报道，近年民营养老机构护工流失率高达 7 成。

2006—2014 中国老年人口增长图

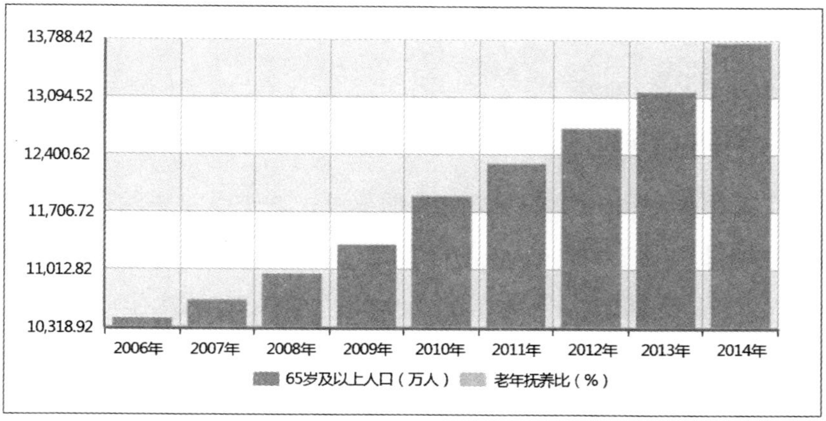

2006—2014 中国老年人口抚养比

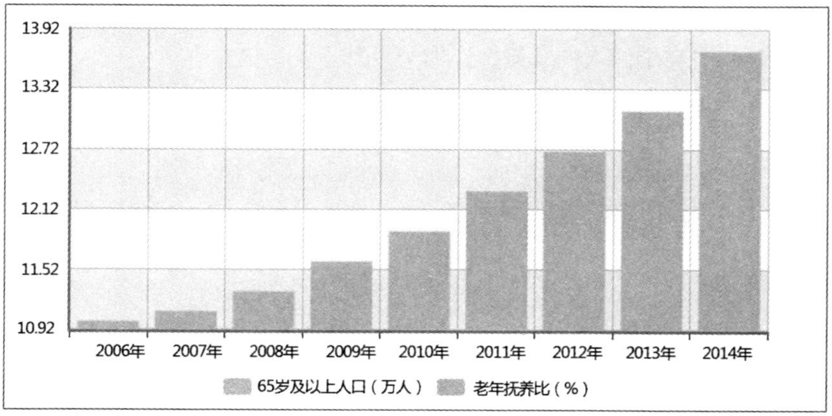

数据来源：国家统计局

二是资金荒，老人群体害怕手中的养老钱“毛了”，听信诈骗者花言巧语，把养老钱投进了各种养老理财的陷阱之中。

三是人口问题，放开生育的政策推出有点晚了，许多老人真的是老无所依，只有求助那些“业务员”。

你在公园里常见一群群小青年围着老人游说，不是卖海边的别墅就是卖保本理财产品，他们的嘴比亲儿女还甜。所以啊，大家要“常回家看看”，因为有人盯着老人的钱。

怎么识别庞氏骗局

庞氏骗局是对金融领域投资诈骗的称呼，这类金字塔骗局（Pyramid scheme）由某个叫查尔斯·庞兹的投机商人“发明”。其实敝国早就发明了庞氏骗局，只是在中国称作“拆东墙补西墙”“空手套白狼”。简言之，就是利用新投资人的钱来向老投资者支付利息和短期回报，以制造赚钱的假象进而骗取更多的投资。

民间的骗局虽然普遍，但毕竟影响范围小、受影响者少。但假如某个政府背景的机构出来主持一个未来无法兑现或控制的局面呢？比如：

第一，它也有个诱人的远景，许你一个梦想。

第二，且有政府背书，也无须业务员或传销式营销，而是资金、强制收取或扣除。

第三，它“拆东墙补西墙”的方式，是一代一代往下拖，拖到哪儿解决哪儿。

你怎么办？

所有这些项目或计划，首先要做到公开透明，是大家的钱，要经得起各方审计、征询。老年人之所以容易被骗是因为他们不怎么上网，信息严重不对称。年轻人是信息达人但遭遇信息封闭，大家要团结起来。其次养老这个事要做到公平公正，不能同是一国国民，大家在几个碗里吃饭，养老并轨要尽快实施。因为很简单，掌管经营我们养老钱的人，他自己的钱都不在里面，大家不放心。

滴滴和优步合并是最坏的结果

文 | 马光远

经历无数次的辟谣之后，谣言再次成为事实：2016 年 8 月 1 日，滴滴宣布与 Uber 全球达成战略协议，滴滴出行将收购优步中国的品牌、业务、数据等全部资产在中国大陆的运营。

根据双方交易的战略协议，滴滴出行和 Uber 全球将相互持股，成为对方的少数股权股东。Uber 全球将持有滴滴 5.89% 的股权，相当于 17.7% 的经济权益，优步中国的其余中国股东将获得合计 2.3% 的经济权益。据说，双方合并后新成立的公司估值约 350 亿美元。

这起收购恰好是在中国网络约车的法规刚刚通过之后，因而备受瞩目。双方之所以选择在此时合并，不外乎以下几点原因：

第一，双方为了拼抢市场份额，耗资甚巨。在优步在美国市场已经实现盈利的情况下，在中国市场的血拼使得其 2015 年亏损超过了 10 亿美元，滴滴在财务上也是亏损的状态。资本虽然支持烧钱，但如果烧钱不能改变市场份额，烧钱就没有太大的意义。

第二，从目前的态势看，滴滴在中国的市场地位难以撼动。根据易观智库发布的 2015 年专车市场报告，滴滴占的份额超过了 80%，优步在 2015 年市场份额从 12.5% 下滑到不到 10%。在活跃用户覆盖率方面，滴滴专车的市场份额在 2015 年第四季度达到了 84.2%，优步为 17.4%。不管优步中国如何努力，改变目前的市场格局的难度很大。

2015 年 5 月中国专车服务活跃用户覆盖率 TOP5

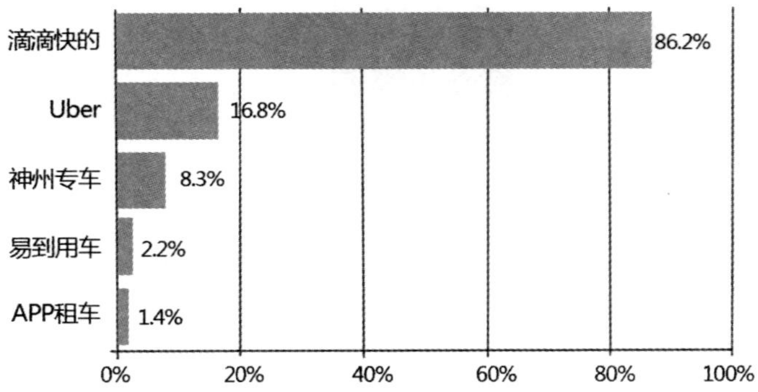

数据来源：中商情报网

第三，中国网约车的新规出台。新规出台，一方面意味着专车走向合法，有了合法的身份；但另一方面，也对网络约车进行了规范，无论在车辆的管理，还是运营规范方面，都增加了很多管理成本。网络约车新规实施之后，滴滴和优步都面临着管理成本增加的问题。同时，由于很多地方参照出租车的标准，在新规通过之后，再增加新车辆的空间已经不大。在市场蛋糕已经到达天花板的情况下，下一步市场竞争的游戏规则将随之发生很大的变化。

就此而言，滴滴和优步的合并，属于一起不得已而为之的婚姻，不像林心如和霍建华，是因为爱走到了一起。滴滴和优步选择合并，更多的是为了让日子不再难过。这也决定了这起婚姻的出发点不可能是因为爱。一切不以爱为出发点的婚姻在很多情况下都会出问题，这是后话。

对于滴滴和优步的合并，消费者最大的担心是这两个市场份额加起来超过 90% 的公司，合并之后会不会涨价。对此消费者根本不用担心，因为涨价是必然的。滴滴和优步都不是活雷锋，之前各种超低的价格，五花八门的补贴，不是在行善，而是在扩张市场份额，把对手打趴下之后再来赚你的钱。在滴滴和优步合并之后，给消费者补贴已经没有任何意义，再不涨价也说不过去。由此可以判断，不花钱打专车的日子从此将离我们而去。

我之所以说滴滴和优步合并是最坏的结果，不是因为要涨价或者补贴没了，而是专车市场的生态可能因为它们的合并而被破坏。在它们跑马圈地，拿着投资者的钱疯狂补贴的时候，市场尽管疯狂不理性，但竞争是充分的。

竞争是市场经济最本质的特征，人类社会的进步，都是因为竞争的存在，我们能够享受物美价廉的产品，也是因为竞争而不是资本家的慈善。亚当·斯密就曾说过："我们愿意看到两个竞争对手打架，而不愿意看到他们在一起喝茶。"滴滴和优步不仅在一起喝咖啡，更是睡在了一起。很显然，这肯定会影响这个市场的竞争。

我比较奇怪的是，在中国市场发生的很多起互联网公司的并购，不管如何改变市场竞争的格局，中国的反垄断机构都没有做出任何的反应，好像中国从来都不存在《反垄断法》一样。滴滴和优步的合并也是如此，媒体上已经讨论得高潮迭起，我们的反垄断监管机构却再一次失声。二者合并之后，市场份额超过了 90%，毫无疑问具有了市场垄断地位。在这种情况下，反垄断机构对此事给予关注是必要的，中国互联网的整体生态越来越趋向于垄断，大树底下不长草，必将窒息市场的活力，阻碍竞争。

2016 年第一季度中国专车订单市场份额情况

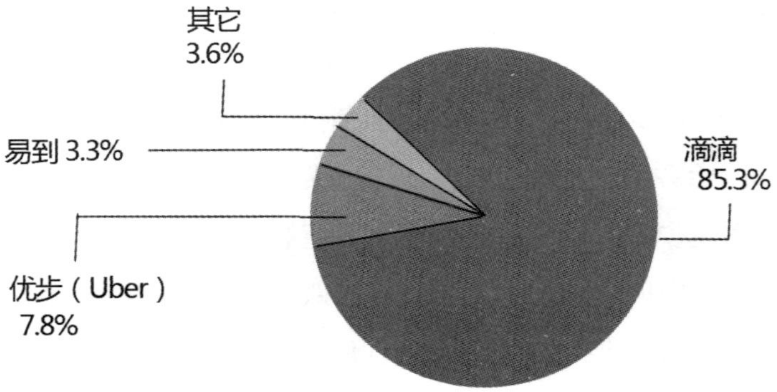

数据来源：和讯新闻

如果滴滴和优步不主动申报进行反垄断审查，中国的反垄断机构应该主动进行审查。考虑到二者的合并对这个市场竞争格局的重大影响，我倒是建议反垄断机构能够叫停这起并不美满的婚姻，让市场能够在一个竞争活力比较充足的环境下成长。

好老师的标准是什么？

文 | 王福重

尊师！尊师！都这么说。

普普通通的教书先生，何以令全社会尊敬？德才兼备。

在满嘴仁义的社会，跟教书比起来，道德更重要。那些榜样模范老师，或者几十年扎根山区安贫乐道，或者因为救学生死掉，或者忍着绝症工作，甚至在讲台上吐血而亡，总之很少善终。没听说单单教书好（这才是老师存在的价值啊），就成了优秀教师的，有些名不副实有没有。

如果一个老师，做出丁点违背社会道德的事情，肯定承受最严厉的指责：这么无德的人也配做老师！女子无才便是德，所谓德才兼备，说到底就是德比才重要。

这样的社会里当老师，背负的压力是很大的。

教师是人类最古老的职业之一。孔子就被认为是中国第一个私人教师。那时全国总共就几个老师。物以稀为贵，受到尊敬是必然的。“一日为师，终身为父”，这是教师的黄金时期。孔子要不是对政治感兴趣，日子定赛过神仙。三千弟子，每人一捆腊肉，得多滋润啊。

科举以后，教书先生多，但读书的更多，相对来说先生还是稀缺。“万般皆下品，唯有读书高”，读书才能出仕，光宗耀祖。读书科举的，都是有钱人家、官宦人家公子，先生的待遇自然很不错。

就是上个世纪三四十年代，也就是鲁迅那拨人当老师的时候，仍属社会高端。收入太高，生活太好。鲁迅在北京大学只是个讲师，不是教授，每月薪水 200 块大洋，可以买 2000 斤猪肉。中小学，比不得大学，但比其他行当强许多。小学老师每月 40 块大洋，过着相当体面的生活。看过《城南旧事》，对此该有一点印象，那里面的教书先生，有专门保姆。而待遇很高的警察，才 8 块大洋。仓廪实而知礼节，彼时的老师，知书达理，风度潇洒。

再后来，教育普及，人人皆入学堂，先生如过江之鲫。东西一多，也就不值钱。待遇慢慢就下来了。不过跟一般的老百姓比，还算好。知识分子的矜持清高，可以端着，人格还算受到尊敬。这是 1957 年之前的情况。

“文革”之后，落实政策，自那时以来，就一直提高教师待遇，很像最近十几年如一日呼吁解决民营企业融资难，都是千年话题。

1985 年开始有教师节。这一天老师受到殊遇。大小领导，各级媒体，纷纷歌颂老师。当然，嘱咐好好教书育人才是醉翁之意。教师节是教育者被教育的日子。

问题在于，如果不沦为弱势群体，根本不需要这个节日。为什么只有儿童节、妇女节、残疾人日，而没领导节呢，因为领导每天都受尊敬。

教师节，有点堵老师之口的意思，那么尊敬，还为几个钱计较，干脆老老实实为五斗米折腰吧，这叫无私奉献。

不要说老师待遇不断提高，本来太低，提高空间才大；也不要说老师都发达了，那是个案不是整体；更不要说寒暑假，有也待家里，不是公款旅游。

教育部门去年发文件，反对中小学老师补课，说违背师德。这是哪门子道理？凭什么老师不能利用自己的时间和知识，补贴家用。教育部门首先就不尊重老师，真是匪夷所思。

大学里，行政人员本是配角，应该为能进入大学，为老师服务，感到光荣，可是反过来了，颐指气使的倒是他们，老师们却是唯唯诺诺的，怕给小鞋穿。好多大学老师的目标不再是学术，而是当官（奇怪吧），成了系主任院长校长，一切就都不同。评职称，老师们必须老老实实拿课题写论文，行政人员，单独给指标，而评委都是所谓双肩挑的院长处长，天天耳鬓厮磨，当然会关照，so easy。

不知哪个名人发明了：教师是太阳底下最光辉的职业。这话怎么听，都有点忽悠。最光辉，社会地位这么差？很容易让人想起，挨饿年代，号召畅想美好未来，画饼充饥，自己却偷偷大吃大嚼的人。

本来，老师这个工作，重复性太强，“庙里的老和尚讲故事”。如果仔细观察，老师不过是一群技不出色，貌不惊人，表情木讷的人。很多人做老师就因为生性怯懦，性格不合群，只能待在相对单纯的学校。

让老师做社会道德标杆，是找错了对象。做楷模的，应该是社会中拥有最大权力，占有最多资源，一举一动都会牵动社会神经的人，比如各级官员。

学校有辅导员指导员团委，社会有专门传递正能量的媒体，还用得着专业老师再画蛇添足？作为弱势人群，还是不要戴这么高的帽子，承担这么大的责任，相反，他们应该享有更多的宽容。

去掉了道德标杆，做个普通人，当然是守法的公民，不能是道德败坏之辈，老师的压力就减轻了大半，这也是还老师本来的面目。

一个好老师的标准，就是出色的知识传播者。若此，才可以体会，孟子“得天下之英才而教育之，一乐也”的情趣。

高考，应该照顾落后地区吗?

文 | 王福重

1. 上大学不是社会福利

大学的使命，是传承人类已有知识，并生产新知识。进入大学的人，应该有相应的潜力，否则大学完不成这样的任务。因此，高考的目的，是把有潜力读大学的人，挑出来，同时，阻止不适合的人进入大学。

在没有违法记录、身体合格前提下，录取考生，唯一标准，就是分数。其他任何标准，比如户籍、身份等等，必须排除，就国立大学来说，更是如此。毕竟，大学不是社会福利机构，不是唐僧肉，人人得而均沾。

假定一个省（区市，下同），没有人考上 211、985 大学，是不是不公平?

当然不是。只要按成绩录取，就实现了招生目的。如果这是不公平，那么，一个县、一个乡也没考上一个，是不是不公平？要不要每个村、每个乡、每个县，都必须有上 211、985 才行?

2. 不应该再定分省招生计划

行政区划，本来就不是分配高校招生计划的依据。招生计划，分省制订，没有充足的理由。

高校招生，不是分配政治权利。全体考生是一个整体，不能再进一步区分是哪个省。好比哈佛大学区分，德州还是加州考生。

高考公平的基础是，大学对考生一视同仁，按分数高低，顺次录取。

无论计划怎么制订，都会产生不公平结果，因为同一分数考生的待遇不同，不客气说，也许这正是制订招生计划的目的。

招生计划，本是传统计划经济的产物［发改委（计委）和教育部主导］，名义上制订的依据是“根据国民经济和社会发展需求以及国家教育事业发展规划确定的目标”（教育部发言人语），但不可否认它是建立在种种不合理因素（如户籍、本地大学数等）之上的，不断被继承加强。

多年招生计划的实施效果，也是不能令人满意的，既然考虑了那么多因素，计划那么周详，为什么还出现了严重的地区录取率差异呢?

招生计划与公平的社会主义核心价值观，严重冲突，是考虑取消分省招生计划的时候了。

3. 必须回到统一高考的轨道

为了平息公众对省际分数线差异的不满，允许一些省自主命题，分数线失去可比性，这进一步背离了公平，是一种退步。

理想的高校招生模式是，每个大学自主录取新生。但因为大家可以理解的原因，起码现在这样做，会产生很大的问题，包括公平问题。

因此，统一命题，不再分省制订招生计划，因而不再有省际的分数线差异，是目前唯一可行的公平之道。同时，也是有效率的。

这样，人们一直诟病的高考太容易的省，录取率就会下降。它们会有意见，但这只是把本来不属于它们的利益拿走，是正当的，占便宜不能没完没了。

4. 高考不应该照顾任何地区

不错，一些地区的教育资源不足，质量不高，但这不是受照顾的理由。

如果照顾落后地区，请问，谁是最可能受到照顾的？一定是其中相对最发达的地方，比如省会城市，它的资源是相对最好的，其教育水平不低于京津沪的平均程度。因此，照顾的最终结果是，最需要照顾的地方和人，反而没有获益，与初衷相悖。

就是在发达地区，也有相对不发达的部分，比如京津沪的远郊区，要不要也照顾一下呢？

不同的省，教育发展不平衡，同一个省，不同市也不平衡，以此类推，不同的乡，不同的村，也是不平衡的。按照顾落后地区的逻辑，不但一个省一个分数线，一个县也应该一个分数线等等。

最后，不同的考生个人，也不一样啊，就应该一个考生一个分数线，才公平。这就要取消考试了啊！

今天照顾这个，明天照顾那个，把分数相差悬殊，不在一个水平段的学生，安排在一个学校一个班，高校怎么开展教学活动，继续照顾落后学生吗？

5. 落后地区怎么办

照顾其基础教育，各级财政保证最落后地区也有规范的教育资源，中小学的软硬件达标。教育资源不足的地区，人口有限，这一点不难做到。这么多年，没做到，应该思考问题出在哪里。

当然，无论怎么均等，不同地区的起点不同，历史各异，绝对平等永远不可能实现。如果一个人继承了父母的高智商，而你不聪明，让人家变笨，才觉得舒服吗？如果别人跑得比你快，你就要把起跑线往前移？

一般说，越富裕的地区和家庭，越重视教育，这样的地区和家庭的考生，成绩更好，考上大学的机会更大，这可以部分解释，为什么历史上，江苏这样的地方（特别是苏州常州等），出了那么多的进士、状元，而一些地方，从来没有出一个，你能说，这不公平吗？

这是完全合情合理的，如果不是这样，大家干吗还努力工作赚钱，为子女教育一掷千金呢。

高考录取率的差异，不是什么不公平。对于基础教育，要做到公平，因为它们有很大的外部性，在一定意义上（不准确）初等中等教育还是公共物品，提供是政府的义务。但高等教育是私人物品，不见发达国家的大学多是私立的吗，最重要的是体现效率。

在高校招生环节，照顾教育落后地区，与改善这些地区基础教育之间，不是没有矛盾的，这很可能延缓改善的过程：着什么急呢，反正高考会照顾、找齐。

计划经济的思路，出发点就是歧视，最多也只能好心办坏事。跟体育比赛一样，分数面前人人平等，取消分省计划、实行统一命题、取消地区照顾，才是中国高考长治久安之策。

P A R T Ⅳ

股 市 与 货 币

2016年开局靡靡。人民币踏上漫漫贬值路，注册制成大势所趋。证监会主席易主真能力挽狂澜吗？这一章，我们来讨论股市到底有没有规律，投资者该不该坚持价值春天，一起聊聊SDR和外汇那些事儿。

股市有规律吗?

文 | 王福重

股市是否可预测，有两派理论：一派是“有效市场假说”（Efficient Market Hypothesis），认为股市完全不可预测、毫无规律可循；另一派是“行为金融学”（Behavioral Finance）的理论，认为人是非理性的，“聪明的人”可以利用其他人的愚蠢赚钱，或者说，股市是有规律的。

1. 有效市场假说

信息集和有效市场形式

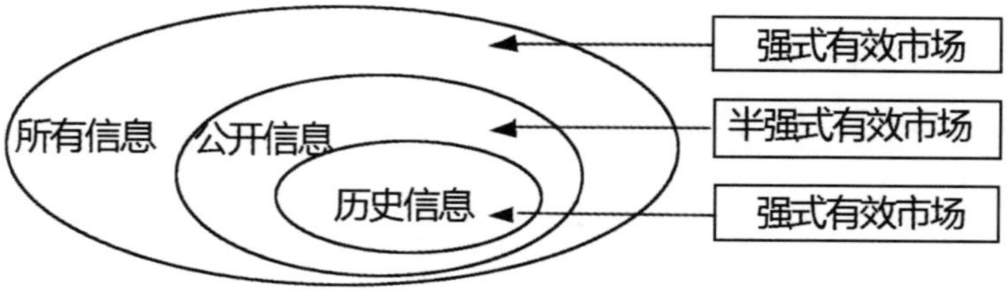

尤金·法马（Eugene Fama）是有效市场假说的主要提出者。他认为，股票价格是随机游走的，即股票价格在每个时点上，向上和向下的概率是一样的，期望利润是零。价格随机游走能充分描述价格行为，证券投资的收益是正态分布的。研究股价序列的历史，不能提高投资者收益。

有效市场假说获得多数主流经济学家的认同，比如保罗·A. 萨缪尔森。萨缪尔森给了它一个经典的解释：如果市场正常运作，那么所有关于资产的公共信息（以及某些情况下的私下信息）将立即传导到它的价格内。如果价格变化似乎随机且因此而不可预见，这是因为投资者起作用了，所有的套利机会都被最大限度地利用了。

只要现行的价格反映了所有有用的信息，这时候的市场就是有效的。按照有效市场假说，股票市场是有效市场。

有效市场假说，不是假定你不能在股市赚钱，而是指你不能持续地赚钱。这个假说还意味着，费尽心思寻找股市的赚钱机会是徒劳的，各种技术分析也是无效的。

2. 行为金融学

有效市场假说的反对者，主要是所谓的行为金融学。行为金融学用实验手段发现，股市里的投资者并不总是理性的。他们对影响股价信息的反应，可能是过度的，也可能是不足的。这种不足或者过度，并不能通过套利而消除，而套利行为也要受到法律等因素的制约。所以，股票价格并不总是合理的，当股价被高估或者低估时，就是赚钱的机会。

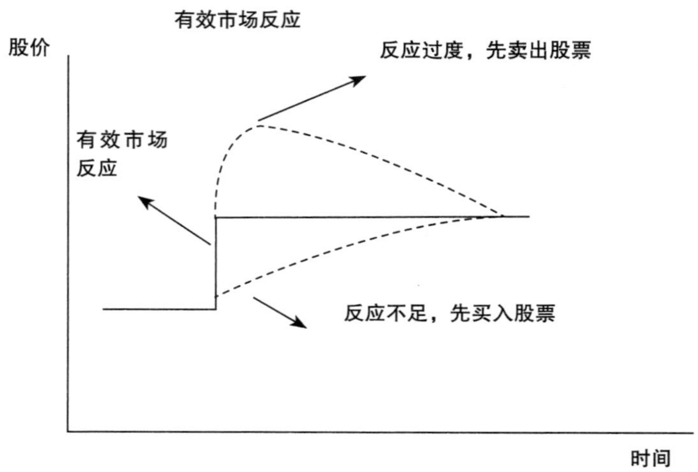

比如著名的羊群行为（Herd Behavior）。实验经济学家们用羊群行为来描述股市中投资者的从众行为，也就是模仿别人，别人买就买，别人卖也跟着卖。心理学上，这是保本不亏心理的反映。但是羊群效应是非理性的，因为此类投资者不是根据有关信息来独立进行利益最大化决策的。行为金融学认为，羊群效应是股市波动的原因之一。

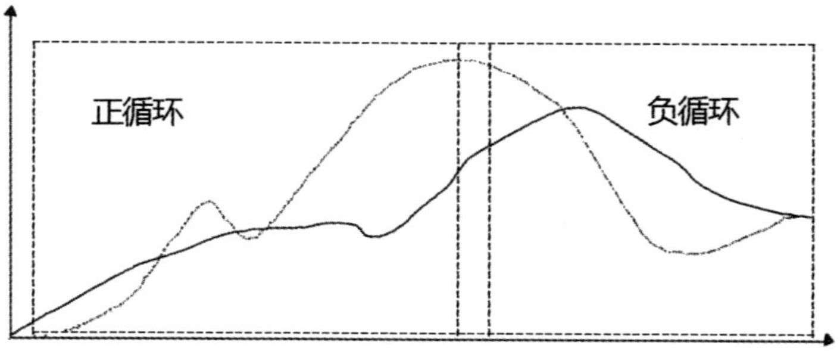

注：实线代表市场表现，虚线代表基本面表现

跟法马一起获得诺贝尔经济学奖的罗伯特·希勒（Robert J.Shiller）是行为金融学的主要代表人物。他在《非理性繁荣》中，解释了非理性的心理因素对股票市场的影响。有人认为，他预言了美国20世纪90年代股票市场的大幅下跌（网络科技股的破灭），因而名声大噪，他获得诺贝尔奖，也让行为金融学大行其道，并对金融学的研究产生了重大影响。

我的观点

没有人能明确预测到股票市场的崩溃，包括希勒教授。即使表面看上去有，也不过是一种“巧合”，因为人们的心理是想赢怕输，恐惧与贪婪并存。当股票价格指数涨到一定程度，就必然会有不同的声音，有人会觉得高处不胜寒，卖掉股票，再涨会引起更多人的恐惧，而且这种恐惧情绪也会传染，当众多投资者都抛售时，巨幅下跌包括崩盘，都不可避免。实际上，在1929年美国股市崩溃前，也有类似的声音，只是被更大的乐观情绪和声音给淹没了。

2016 股市开年大跌，是肖钢的错？

文 | 贾肖明

有位男人在接受电视采访时候，说自己这辈子唯一做对的事情就是娶对了老婆。当然，他能够遇到自己的女神，也是因为数学不好，无奈之下报考了当时并不热门的金融专业。没错，他就是中国证监会前任主席肖钢先生。

2015 年中国股市大起大落，2016 年开局不利。一方面大小非减持解禁，同时注册制又要临盆，谁想到人民币又加速贬值，结果熔断变成了添乱。本来是为了预防股灾而推出的熔断机制，最后加速了股市的下滑，4 天之内股市熔断 4 次，7 万亿市值灰飞烟灭。按照中登公司的统计，现在大概有 5000 万的有效持仓户数，人均亏损达到 14 万。

亏多了，股民当然要骂娘，网上关于肖主席的谣言和段子那是漫天飞。当然，这事儿咱们要公平地看：一方面，证监会对于注册制、大小非减持的信息披露，以及熔断机制的设计的确有值得反思的地方；另一方面，一旦亏了钱，就把所有责任推给证监会和证监会主席，也有失偏颇，买者自负。

中国股市之所以开年会大幅下跌，除了政策方面的原因，更重要的还是因为估值太高，同时人民币汇率对股市的影响也很重要。话不多说，如果中国证监会想少被股民骂，那么希望以后管的事情少一点，把更多精力放在捉耗子、捉妖精上面去。市场的归市场，把自己的监管责任抓得更牢、更实一点，那么也许以后就不容易被民意绑架，不会被骂那么多，股市也会更快地好起来。

2016 年是猴年，股市恐怕也是一个猴市，太多新因素在影响着股市的运行。咱老百姓既然看不清楚，那不妨少投点，跌多了就买点，涨起来就赶快卖了。

机会是跌出来的，也许下半年把这些混混沌沌、纷纷扰扰的事情搞清楚了，咱们的慢牛才真正可期。咱们走着瞧。

中国股市就是一场反智的游戏

文 | 马光远

2016 年开年交易 6 日，四次熔断，又见千股跌停，股市 3000 点保卫战再次打响。

最初可以把下跌归咎于熔断，后来熔断没了，我们需要为股市下跌寻找什么样的理由？在谈股市的文章《一个男人疲软，不要把责任推给安全套》中，我对一些股评师把股市暴跌归咎于熔断机制的看法表示非常反感。熔断机制的具体制度设计可以商榷和完善，可熔断的功能在于在市场恐慌的情况下让市场冷静，这一点没有任何疑问。但市场是否恐慌，和熔断没有任何关系。如果市场基本面很好，干吗要恐慌呢？如果不恐慌，干吗要跑呢？现在，熔断在众声喧哗中被暂停了，中国股市并没有迎来任何转机，对市场抱有不切实际的幻想的投资者再次被血洗。

市场上又响起了各种各样的救市声。我不知道投资者对于救市究竟怎么看，也不知道投资者有没有人认真地反思一次：中国资本市场20多年来有没有救市成功的先例？救市的结果除了下跌还是继续下跌，那些喊救市的又是出于什么目的？中国股市开年为什么跌？在之前的很多场合，我多次指出，面对宏观经济的下滑，面对人民币暴跌引发的资本流出，面对企业更差的业绩，面对几乎没有任何改变的监管，你有什么理由期待股市上涨？一个人不可能每次掉进同一条河里，也不能在同样的地方一次又一次跌倒。但中国股市在不断地跌倒之后，是又一次跌倒，甚至连姿势都懒得换，20多年来，一次又一次在重复着近乎弱智的游戏。在这个市场里，每个人都有原罪，包括每一次被屠杀的散户。

本质上而言，中国资本市场20多年来除了体量的变化，内在的气质和肮脏的灵魂从来没有改变过。中国资本市场20年来，已经发展成为全球最大的资本市场之一，多年来IPO规模屡屡全球第一，但并没有相应地给普通投资者投桃报李，给予合理的投资回报。过高的市盈率，名存实亡的退市制度，愈演愈烈的内幕交易，以及没有任何强制性的分红制度，让中国资本市场成为名副其实的圈钱市，也成为名副其实的亏损市。也就是说，中国资本市场运行20年来，投资者“信心贫血”的关键，是股市在制度的定位上没有形成保护投资者利益，给投资者以合理回报的体系，而是仍然围绕为企业融资和圈钱而存在。对于一个圈钱市，大家搏击的都是短期收益，股市的暴涨暴跌就是一个必然的结果。

如果这个市场的很多参与者都来圈钱，如果这个市场的监管者监守自盗；当这个市场的游戏规则一再被践踏，当这个市场的投资者，特别是散户的利益被嘲弄，这个市场有什么理由带给投资者信心。一个不将投资者的利益放在第一位，而将圈钱和融资放在第一位的股市，怎么可能有未来？股市暴跌其实并不可怕，可怕的是20年来，股市的理念、定位、监管不仅进步不大，反而很多方面在退步。股市成了“反智”的游戏，投资者的希望和信心在经历数次的蹂躏之后终于崩盘。

20 多年来，中国资本市场贫血的根源不在于缺钱，而在于缺乏对规则的尊重。即使在当下基本面非常严峻的情况下，在货币政策宽松的预期非常明显的情况下，股市也不应该虚弱如此。这背后的根本因素，仍然是中国股市的顽劣本质以及监管层失去了市场的信任。

我一直期待，在经历 2015 年以来惨烈的股灾之后，中国资本市场真的能够痛定思痛，洗心革面，重新做人；从理念到制度，进行一次真正的凤凰涅槃，将以前的圈钱市、行政市、政策市回归至投资市、法治市。一个不遵守游戏规则的市场，一个缺乏对规则的信仰和敬畏的市场，注定是搞不好的。事实上，所谓的大股东减持等，根本就不是中国股市暴跌的原因。中国股市从来不缺钱，投资者对中国资本市场绝望的关键是制度被凌辱、被玩弄，使得股市成了一个没有任何规则的屠杀场所。中国资本市场只有在退市制度、集团诉讼等方面构筑起利益保护的制度之墙，才能真正改变圈钱市的本质，恢复投资者的信任和信心。

不要再以救市忽悠投资者。投资者应该牢牢记住：当有人呼吁救市时，那就意味着这个市场根本没有上涨的理由。中国资本市场如果不知耻后勇，如果监管者仍然人为调控指数，如果市场的理念仍然停留在零和博弈，如果投资者多次倒在血泊中，那么，我可以肯定地讲，中国股市的最后一滴血，将是中国散户抛弃这个市场的绝望的眼泪。

最“牛”证监会主席为何下课？

文 | 贾肖明

天朝据说有三大位子最不好坐，一不小心就把屁股烤焦了。一是春晚总导演，二是足协主席，第三就是证监会主席。“上浮零”“锅输清”“削光”……瞅瞅股民给主席们起的外号，什么仇，什么怨啊。

同样是正部级干部，证监会主席的活儿恐怕最不好干，股市涨的时候得灭火，跌的时候不光要救市，还得被骂娘。在多次“被辞职”之后，肖钢同志终于在 2016 年 2 月 20 日变成了前任，对他来说，未必不是一种解脱。

肖钢的离职，跟股灾脱不了干系。虽然股民群都是普天同庆的架势，但我得讲点公道话，如果纯看数据，肖主席恐怕还是这十几年来最“牛”的证监会主席。肖主席 2013 年上任时，上证指数 2278 点，离职时的点位是 2860 点，在任 3 年涨幅 25.5%，年化回报率 7.9%。即使搞定了股权分置改革、任内迎来 A 股最高点 6000 点的尚福林，这一数字也只有 6.3%。更别提任期内股指整体走跌的郭树清和周小川了。

这么好的数字，为啥股民们都还是不买账呢？从 2013 年 3 月 17 日，到 2016 年 2 月 19 日，肖钢在任证监会主席千日，可谓虎头蛇尾，让人唏嘘。

应该说，肖主席开局还是很漂亮的。2013 年 4 月 3 日，万福生科因上市造假遭遇重罚，董事长被追究刑事责任，保荐人平安被罚 7665 万，中介机构相关人员终身市场禁入，如此雷霆手段，让股民很解气。2013 年 8 月，光大乌龙指事件震惊天下，肖钢提出要研究“熔断”机制，这为其“下岗”埋下了伏笔，暂且不表。2014 年 6 月 18 日，肖钢任内 IPO 重启，“年内 100 家”的预先告知，稳定了市场信心，打破 IPO 魔咒，大盘稳住 2000 点。同年 11 月，沪港通开通，蓝筹股随后井喷，A 股牛市冲天，肖的声望也达到了巅峰。

而如过山车般的 2015 年，恐怕也是肖钢一生当中最为惊心动魄的年份。2015 年开始，股市一路上行，创业板和中小板更是牛气熏天，新三板急速扩容，“创新牛”给肖主席贴了不少金。但其间，资金违规入市，场外配资无人监控，个别账户杠杆更是高达 10 倍之上，本质上还是“水牛”和“杠杆牛”。

为刹住疯牛，肖钢再施霹雳手段，连续几道金牌去股市杠杆，但谁想正如高山滚石，股市一路从 5178 点暴跌至 2850 点。证监会反应迟钝，错失救市良机，乃至束手无策，无数股民倾家荡产，最终最高层出马，为救市被迫动用了万亿资金，才勉强稳住局面。但救市过程中手忙脚乱，朝令夕改，乃至内贼窃密谋取暴利，种种乱象，让人瞠目结舌。

如果这个时候肖钢挂冠而去，还是一个悲情英雄的形象，毕竟有重罚硕鼠、联通沪港的功绩，而股市大起大落，亦非其本人和证监会所能左右。但其本人力推的熔断机制，本为呵护股灾后的市场，却没想到设计欠妥，仓促推出，又遭遇汇率对股市的冲击，出台 4 天，股市蒸发 7 万亿市值，被迫仓促收场，恐怕这也是导致肖“下岗”的关键因素。

40 岁就做到央行副行长，肖钢显非庸才，而任内又恰逢注册制改革的关键节点，本该大有作为，没想到功败垂成。用证监会内部人的话来说，一是肖本人性格偏急，太想做出成绩，有时考虑问题过于简单。例如，肖上任之初，提出稽查大队要扩容一倍，人都招了，却发现编制无法解决，最后无奈低调称“依托深沪交易所来协助查案”。此后，去杠杆、上熔断等大决策的过程，都出现类似情况。二是肖身边无人可用。所谓一个好汉三个帮，但肖在任期间，三位副主席，刘新华去年年底退休，姜洋也快到龄，姚刚更是去年11月被中纪委带走，主席助理张育军也被调查。

时来天地皆同力，运去英雄不自由，奈何！坦白说，这几年，换其他人做证监会主席，又能如何？

2月20号的微信群里，股民们热血沸腾，因为新主席的名字谐音“牛市遇”，据说名字按五行测出来也是大吉大利。太傻太天真了吧。换个主席，就能带来牛市，足协换主席，也没看见中国足球走出国门。要是名字有用，找个叫“张步庭”或者“牛时年”的同志，我看功效更显著一点。

根据证监会官网介绍，证监会依照法律法规和国务院授权，统一监督管理中国全国证券期货市场，维护市场秩序，保障其合法运行。由此看，证监会主席之所以难当，还是管了太多不该管的事情，在乎了太多本不必在乎的噪音。在美国，证监会就是抓老鼠，股市水位主要是财政部和美联储的责任。在天朝，事关股市大小事务，都要找证监会这个弱势部委去解决，自然是承受不来，这恐怕也是证监会主席任期往往“短命”的原因。

快点把注册制搞出来，严格退市制度，把监管的核心放在信息披露上来，中国股市的老毛病恐怕才能解决，不然股市的大起大落和主席们的“死循环”恐怕解不开。

历史没有打脸，婴儿底已经到来

文 | 李大霄

时光匆匆，2015 年 6 月 12 日的 5178 点至 2016 年 6 月 12 日，正好一年。反思一下，当时的估值水平是怎样的呢？

当时，1 块钱在创业板上只能买到 7 分钱的净资产，在主板上只能买到 1 毛 3 分 8 的净资产；2800 家上市公司中，有 2000 家公司的大股东在减持（如汇金公司）；股票的发行量在增加，由原来的一个月十余家增加到二三十家甚至四十家（光国泰君安一家的发行量就等于二三十家上市公司发行的总量）；双向交易已经建立好，空头们已经准备充分；收杠杆的行为在进行；场外配资收紧，场内杠杆收缩。因此当时我发出了要警惕的信号。

5178 点的情况跟 1929 年大股灾前夜的情况类似。当时，A 股每天的成交量高达 2.35 万亿，创下全球新高；IPO 的数量也创下全球新高；A 股有效的流通换手率十天至两周即可换手一遍，这很恐怖。

有报道称，30% 的大学生开始炒股，甚至高考结束的当天就有考生去证券公司开户。当然，嘲笑李大霄的人数当时也创下新高。这不禁让我想起，1929 年股市大崩盘之前，巴布森先生提前预测到了股灾，但遭到了很多人的嘲笑、不屑、讽刺，满街的人向他抡起耳光。这种情况也发生在我身上，回忆当时的辩论、报道、文章，漫山遍野的攻击、各种反对的声音十分恐怖，连空气都是凝固的。所有人都在兴头上，不希望有人说股灾会出现，地球顶会到来。

但李大霄为何要做出如此论断呢？他说，老人要把养老钱留下来，父母要把孩子的抚养费留下来，大学生要把学费留下来，要把治病钱留下来，把杠杆降下来，把房子拿去银行抵押贷款的要停下来，这是卖股买房而非卖房买股的好时候，因为地球顶已经到了。这是人类有史以来最大的泡沫，比郁金香泡沫、密西西比泡沫、南海泡沫事件还要严重，这是超过 1 亿人参与的泡沫，需要很长的时间来消化。

谈起这些，不是为了证明自己有多正确，而是为了反思，因为婴儿底也受到了嘲笑、攻击、谩骂。所有人都不看好股市，大量多头转为空头，而当很多人远离这个市场时，投资机会就悄然出现了，婴儿底已经到来。

小科普

1. 郁金香泡沫

“郁金香泡沫”是人类历史上第一次有记载的金融泡沫。

1593 年，郁金香传入荷兰后，受到贵族追捧，由于数量有限，价格一路上涨。1637 年 2 月，一株名为“永远的奥古斯都”的郁金香售价高达 6700 荷兰盾，价格比上一年涨了 5900%！ 1637 年的 2 月 4 日，忽然有很多人开始抛售郁金香，市场陷入极度恐慌。仅仅 7 天后，郁金香的平均价格已经下跌了 90%。最后荷兰政府于 1637 年 4 月 27 日宣布强行终止所有合同，禁止投机式的郁金香交易，从而彻底击破了这次历史上空前的经济泡沫。

2. 密西西比泡沫

“密西西比泡沫”是全球历史上第一次由政府组织并发动的牛市，按照现在的话来说就是“国家牛市”。1715 年前后，法国面临财政紧张的困局，为了解决财政危机，政府接受了学者约翰·劳的建议，首先进行货币改革，其次是设立公司，发行股票，通过刺激股市来募集资金，偿还政府债务。结果引起了市场疯狂地投机，当疯狂落幕的时候，整个法国陷入了混乱。这就是著名的“密西西比泡沫事件”。

3. 南海泡沫

南海公司泡沫是基于英国政府的国策制造出来的。

为支付西班牙王位继承引起的战争导致的巨额借款，英国政府通过国家垄断经营来支付政府债务。英国财政大臣哈利建立南海公司，受到公众的投资和追捧，政府官员和内部关联人彼此交易股票也大大刺激了股价的飙升。诱惑之下，全英所有股份公司的股票价格平均涨幅超过 5 倍。

南海公司的股票从 128 英镑升到 1000 英镑。1720 年 6 月，为了制止各类“泡沫公司”的膨胀，英国政府通过了《泡沫法案》，许多公司被解散，炒股热潮随之减退，并连带触发南海公司股价急挫，最终在 12 月份跌到 124 英镑。

（科普资料参考自新浪、搜狐）

提高家庭资产回报水平，不得不分析的四大要点

文｜李大霄

改革开放三十多年来，中国经济经历快速发展，经济总量仅次于美国和欧盟，已经跃居世界主要经济体的第三位，居民财富也随之大幅增长。据统计，2015 年我国家庭人均财富为 144197 元，其中城镇家庭和农村家庭的人均财富分别为 208317 元和 64780 元。而自 2015 年下半年以来，实体经济增速放缓，民营资本再投资动力不足，国内金融体系中高收益资产显著减少，老百姓突然找不到高收益的理财项目，居民家庭资产配置难题由此显现。如何提升居民家庭资产的回报水平？以下将从四方面探讨现阶段家庭资产配置的要点。

1. 重点分析标的资产所属的国家

一般来讲，经济实力较强国家的稳健资产是保守资金的首选。因为，这些国家的金融市场规范理性，市场规模较大且投资品种众多。至于如何选择具体国家？我们可以从总量和增量两个角度分析。从经济总量角度分析，美国、欧盟、中国、日本和英国有望成为世界财富聚集的场所；而从经济增速来看，GDP 增长能够保持长期稳定较快发展且预期稳定的经济体也是全球资产配置的重要标的。目前，预期经济增长较快的有中国，美国经济从金融危机中的恢复势头也比较良好。对于一些高净值居民来说，美国是一个重要资产配置选择的方向。

2. 关注标的资产所计价的币种

币值变化会给目标资产的收益率带来较大影响。一般来说，标的资产的计价货币和原始投资货币之间的币值波动应当相对稳定，甚至计价货币可以较原始投资货币有升值的预期。币值的走向与货币发行国家经济实力、外贸形势和在世界金融市场的影响力有关。目前，美元有较强的升值预期。尽管，近年来人民币指数有所回调，然其长期升值趋势未改。从 2016 年来看，人民币兑美元汇率波动仍处于稳定的范围内。对于高净值客户，以美元计价资产应该占据一定比例，虽然人民币国际化步伐刚开始，人民币资产配置也不应该受到轻视。

3. 分析中美房地产市场

买房是普通居民容易理解的投资项目，对于高净值的居民而言，跨国房地产资产配置也十分重要。2008 年以后中美房地产价格都有恢复上涨的表现，其中美国楼市目前已经走出次贷危机的泥潭，逐步进入稳健的发展周期；而中国楼市从金融危机中恢复较快，一线城市房地产价格均已出现大幅上涨。

我们认为中国一线城市房地产资产配置的地位依然稳固，对于高净值客户的全球化资产配置要求来说，逐步增加美国房地产资产配置也是一个途径。由于部分客户海外金融市场的投资经验相对不足，参考专业投资机构的意见就非常必要。

兴业银行与波士顿咨询公司（BCG）联合发布的2016年中国私人银行发展报告认为：预计未来5年，中国个人境外资产配置比例将从目前的4.8%上升到9.4%左右，新增市场规模将达到13万亿元人民币。预计2015—2020年，中国高净值人群可投资金融资产年均增速为15%。到2020年，中国高净值家庭的数量将增至388万户，可投资金融资产总额将占据中国整体个人财富的半壁江山，前景非常广阔。

4. 均衡配置

对于普通居民而言，国内金融市场的大类资产配置的研究仍十分重要。目前，我们认为应将股票、房产和现金等家庭资产逐步均衡配置。

2015年，股票市值为53万亿，债券市值为36万亿，存款为136万亿，住宅商品房市值为178万亿。其中房产净值在全国、城镇和农村家庭的人均财富中，分别占到了65.61%、67.62%和57.60%；而金融资产在全国、城镇和农村家庭的人均财富中，分别占到了16.49%、15.96%和18.61%。显然，国内居民财富的房产配置比例要远高于金融资产的配置比例，而金融资产中收益率较低的存款占比偏高。

2015年，A股市场经历了大幅波动，因此，投资者增加了现金配置，而减少了股票的配置。不过，我们认为从沪指5178点至2638点，A股下跌行情已经结束，市场逐步进入震荡上行周期，高股息率且低估值蓝筹股的投资机会在婴儿底出现，而高估值“黑五类”的风险仍需警惕。建议投资者将已减少的股票配置比例重新恢复，使得大类资产配置结构逐步回归均衡。

目前，支持A股市场走好步入小牛市有九大利多因素：宏观经济数据好转；货币政策保持宽松；积极财政政策带来企业盈利改善；直接融资比例将进一步提升；明确注册制不会单兵突进，IPO节奏可控；外资持续流入；养老金、社保基金、险资入市规模仍将增加；“维稳资金”成为市场的定海神针；大宗商品价格回升。

我们认为从国内大类资产配置的吸引力来讲，被低估的蓝筹股的优势显现，“黑五类”股票的风险大于机会，应当提高仓位股票的稳健性，降低持仓品种的波动性。

股票类资产投资吸引力比较排序依次为：恒生国企ETF，上证50ETF，沪深300ETF，港股、B股、A股中的低估值蓝筹股，高折价封闭式基金等。行业配置方面，建议关注：银行、非银行金融、基建、地产、消费等低估值蓝筹股。股票投资重点关注两条主线：（1）传统行业类股票在过度下跌之后估值修复的投资机会、国企改革等。（2）关注中国经济转型过程中，新一代信息技术、高档数控机床和机器人、航空航天装备、海洋工程装备及高技术船舶、前进轨道交通装备、节能与新能源汽车、电力装备、新材料、生物医药及高性能医疗器械、农业机械装备等行业成长型股票彻底回调后的长期投资机会。

总的来看，房地产、股票、现金等大类资产目前宜均衡配置。

石油价格的第二轮崩溃已经到来

文 | 黄生

几年前，也就是 2013 年的时候，我预测原油将会发生崩盘，至少腰斩，在原油当时 130 多美元的时候，几乎没有人会认为原油会崩盘，当时还有很多人认为原油应该上涨到 500 美元，非常疯狂。但是后来的情况证明，原油确实是崩盘了。

原油从一百多美元的高价下跌，最低跌破 30 美元，之后全球金融市场进行一轮反弹，原油价格反弹到 50 多美元。

之前原油下跌的原因，一是美国退出 QE（量化宽松），并伴随第一次加息的到来；二是为了遏制俄罗斯；三是新兴国家对原油的需求大幅度减少。

今年以来，原油发生了一次反弹，主要原因，一是美国推迟加息，二是世界各地的冲突加剧，导致地缘局势紧张，黄金、原油等价格上涨。

同时还有一个原因，就是中国非常明智地在原油价格非常低的情况下，进行了大规模的战略原油储备，这也短暂支撑了原油的价格。

但是当前的原油市场，面临第二轮的崩溃到来，而且似乎不可避免：

1. 历史上的原油牛熊周期，很少会一年就结束的，往往是长达十多年的牛市或者熊市，过去原油经历了十年牛市，那么这次熊市也不会这么容易结束。

2. 俄罗斯因为原油大跌经受了巨大的打击，但是西方国家对于俄罗斯的制裁还没结束，甚至有更加严厉的迹象。制裁俄罗斯最好的方法就是让原油价格下跌，而掌握了原油定价权的美国、英国，不会轻易让原油大幅度反弹到俄罗斯财政赤字水平平衡点。

3. 美国推迟加息后，美元指数下跌，而现在美联储加息预期再起，以美元计价的原油面临重大的考验。

4. 最重要的一个因素，就是中国对原油的战略储备接近尾声，这对当前原油的需求市场是重大的打击，少了中国的进口，原油价格摇摇欲坠。

现在欧洲经济动荡，新兴市场国家经济疲软，全球经济不景气，无法支撑起当前原油的价格。

俄罗斯因为原油价格崩溃，受伤最为严重；美国从原油价格下跌中，受益很大，压制了其通胀率的上升，使得其更加从容退出 QE；而受益最大的是中国，原油价格的暴跌，使得中国经济的成本大幅度降低，天佑吾国！

四年来首次出手，中国式扭曲操作来了

文｜黄生

2016年9月13日，最大的消息莫过于中央银行进行了28天逆回购，金额为600亿，但必须要明白的是，这是中央银行四年来首次在年中祭出28天逆回购，到底是什么原因，会让央行一改四年常态呢？背后答案肯定非同寻常。

逆回购就是央行向商业银行借出资金，实际上就是增加流动性，是货币投放的一种方式，可以让市场的利率更加稳定，甚至下行。

一般年中，尤其是9月份，并非流动性最紧张的时期，流动性最紧张的是在年底，所以在年中的时候，通过逆回购投放货币，往往是7天、14天的短期逆回购。

那这次28天逆回购，四年来第一次，背后到底有什么玄机呢？

1. 我们知道，当年美国通过购买长期债券来替代短期债券，虽然 QE（量化宽松）规模没变，但是导致投放基础货币的期限拉得更长，使得市场在长时间内更稳定，这就是扭曲操作。

2. 中国的这次 28 天逆回购，本质上就是扭曲操作，让更长期限的逆回购替代短期逆回购，也就是用 28 天逆回购替代 7 天、14 天逆回购。

3. 实际上也就是用长期杠杆，替代短期杠杆，减少期限错配，减少因为期限错配带来的金融系统流动性风险。

4. 这次 28 天逆回购，出现了利率下行，也就是上面还是希望引导更长期限利率进一步往下，降低融资成本。

除了以上分析，我认为这次 28 天逆回购扭曲操作还有更深层次的意义，而且值得高度重视：

1.9 月是美联储加息的窗口，不管 9 月美联储是否加息，中国都必须要做好最坏的打算，只有将各种可能性都考虑到，才能防范一切突发因素。

2. 这个时候，中国要做的就是尽可能让市场投放一些更长期限的流动性，因为如果还是进行 7 天、14 天逆回购，那么就要频繁操作，一旦美联储加息还频繁进行短期逆回购，会让市场误认为是宽松货币的行为，会增加人民币汇率贬值的压力。

3. 中国的人民币在 10 月要加入 SDR（特别提款权），作为中国人民币国际化最重要的进程之一，中国自然对人民币加入 SDR 无比重视，维持人民币当期的稳定，就显得至关重要。

4. 释放相对期限长点的流动性，对人民币当期汇率自然起到了一定的稳定作用。

实际上，9 月是一个非常特殊的月份，不但美联储，包括中国的货币政策都小心翼翼的，因为这不但关系到国内，同时还关系到国际上所有央行的事情。

中国用大量的逆回购等短、中期投放货币的操作方式，替代了过去降低存款准备金率的行为，有好处，也有坏处，而且必然带来商业银行的期限错配，商业银行大量通过逆回购获得央行的贷款，然后又通过同业业务，进入了房地产领域，通过短期低利率的逆回购资金，进入了高收益的长期房地产项目，这是一种严重的期限错配行为，只要逆回购规模还在扩大，这种套利就一直存在。

2013 年中国爆发钱荒的危机，也就是大规模通过逆回购套利的商业银行引起的，前车之鉴，不可忘记！

小贴士

SDR （Special Drawing Right，特别提款权）

是国际货币基金组织创设的一种储备资产和记账单位，亦称“纸黄金”，最早发行于 1970 年。特别提款权是基金组织分配给会员国的一种使用资金的权利。会员国在发生国际收支逆差时，可用它向基金组织指定的其他会员国换取外汇，以偿付国际收支逆差或偿还基金组织的贷款，还可与黄金、自由兑换货币一样充当国际储备。但由于其只是一种记账单位，不是真正货币，使用时必须先换成其他货币，不能直接用于贸易或非贸易的支付。

特别提款权的价值由美元、欧元、英镑和日元这四种货币所构成的一篮子货币的当期汇率确定，所占权重分别为 48.2%、32.7%、11.8% 和 7.3%。北京时间 2015 年 12 月 1 日，IMF 宣布把人民币纳入 SDR。

投资亦有道，价值投资迎来春天

文 | 李大霄

很多人购买了千倍市盈率的股票，幻想在高位卖给交易对手。如果交易对手在高点接手股票，按照静态来计算，就要套牢千年。如果心怀善念，为对方着想，可以在900年或者800年的时候把股票交给交易对手，而不一定要在最高点。

不用让对手痛苦地套牢一千年了，让他套牢100年行不行呢？把100倍市盈率的股票交给他，或者更心善些，还可以把20、30年市盈率的股票交给他。有善念的投资人的安全边际会更高，成功率也会相应提高。

还有周期更长的。像巴菲特的投资理念，持有公司的股票不一定要交给别人，还是留给自己。因为只有东西好才会买，既然好为什么要卖给别人呢？从这个角度看，他就是善良的。

当然，不一定每个人都会认同投资和道德间的这种联系，但投资如果跟道德联系起来，跟善念、善行联系起来，人的投资境界就会更高。大道是相通的。为什么全世界财富最多的人是巴菲特这种持有善念的人，而非其他抱有恶念的人呢？因为他有善念、持善行、三观正，做的事情就是大道。

价值投资之前不断被人嘲笑、不受待见，但从最近的市场情况来看，价值投资接下来将扬眉吐气、大放异彩。因为下个阶段里长期投资者增多，市场向外资敞开大门，我们的市场将从封闭走向开放。外资、长期投资者和稳健的机构进场之后，类似巴菲特、比尔·盖茨这些有价值投资理念的、在市场上活得比较长的人，会改变原有的投资习惯和投资逻辑。原来人们说“一谈价值你就输了”，这种毫无投资逻辑的荒谬言论，或者被认为是最不可能成功的价值投资，也许会因为投资人结构的不同而产生根本性变化。

另外，养老金、社保基金、险资这些相对长期的资金进场之后，会有效改变短期的博弈行为，以及考核周期短的情况。当市场规模变大后，原来靠炒作市场高波幅来赚钱的投资习惯，就可能因此出现变化。

以前市场上只有 5 只股票的时候，跟价值没有什么关系，都是齐涨齐跌的跟随行为。当出现 3000 只、甚至是 30000 只股票时，整个市场齐涨齐跌的局面就会改变。个股板块的各种情况发生变化，市场也会因此发生投资行为、习惯和理念上的根本变化。

我的预言：价值投资的春天已经到来。

股票知识小科普

市盈率是一家公司股票的每股市价与每股盈利的比率。其计算公式如下：

市盈率 =每股市价 / 每股盈利

市盈率是最常用来评估股价水平是否合理的指标之一。一般认为，如果一家公司股票的市盈率过高，那么该股票的价格具有泡沫，价值被高估。

价值投资是谬论

文 | 王福重

价值投资者鼓吹，在股票价格低于其价值时买入，接近价值时卖出。尽管可能需要较长时间的等待，但是有稳定可靠的收益（价值投资者有时也谦虚地表示不能获得收益），最差结果不至于输得太难看。因此，价值投资被认为比被动投资，也就是随机买入卖出，可靠得多。

价值投资始作俑者是格雷厄姆，他的业绩不俗。而他的学生，“股神”巴菲特，据说也是价值投资的坚定拥趸。还有更多不那么有名的“专家”，号称自己信奉价值投资，并且教导别人。我也认识好几个这样的专家。于是，价值投资经常能大行其道，收获众多粉丝。

但是，在严肃的科学理论中，是没有价值投资这个概念和“原理”的。股市本身，没有任何确定的规律，股价运动遵从的是布朗运动。预测股价，包括所谓股票价值。价值投资是一种谬论，或者忽悠。

首先，我想告诉各位的是，并不存在价值这回事。

价值，当初是古典经济学家们，认识价格现象做的某种迂回，而且现在看来，是不必要的迂回。1890年后，经济学家们，不再使用价值这个概念，只用价格。

世界上，从来没有过价值这个东西，有的只是活生生的价格而已。价值是个心理上或者哲学上的概念。股票或者上市公司，也没有价值可言。说有价值，好比说有天堂，反正没有人见过。

股票价格是随机游走的，没有指向。根据有效市场理论，因为参与者众多，股票当下的价格，已经反映了所有相关的信息。所谓股票现值，说具体点，就是未来收益流的现值之和。但是一方面，股票价格已经反映了所有信息。任何时候买股票，都是没有差异或者是对的，除了现价没有更好的选择。如果说有，那也是事后才知道，此时是无从比较的。另一方面，未来充满了不确定性，而影响股价的因素，不可胜数，未来收益完全不可预测，因此所谓股票的价值，也就完全无法计算确定。

什么时候股价到了价值水平呢，完全没有标准，价值投资者说到了就是到了，说没到就没到。或者说赚钱了就到了，赔钱了就永远到不了。不同的价值投资者，心中的价值，也肯定是不同的，一百个读者就有一百个哈姆雷特不是。是不是到了，他们自己也不可能统一，也会打架的。

但价值投资者却一定认为，众人皆醉他独醒，他们有能力看到所有别人看不到的。这是一种穿越时空的能力，是神仙的本事啊。三体啊，引力波啊，也没有价值投资者想象力大啊。

具有讽刺意味的是，价值投资理论的鼓吹者，反对有效市场理论，他们认为，投资者不是理性的，信息是不完全的，股价并不总是反映他们认定的价值。但问题是，他们自己怎么就这么理智、这么无所不知，这正好是矛盾的啊。

格雷厄姆、巴菲特，以及其他股市的成功者，是不是根据价值投资发财的呢？当然不是，他们主要凭运气，成名后也免不了靠坐庄。比如鼎鼎大名的徐翔，就是靠内幕交易才成了“中国巴菲特”的。这些人都觉得自己了不起，如果大家只是佩服他们的运气好，那太 low 了，必须给自己套个光环，于是，价值投资就大行其道了。我想，就是巴菲特，也必定不信自己有这种预测价值这种虚无缥缈的玩意儿的能力，而你如果真信价值投资，那才是好傻好天真呢。

易经八卦预测股市是扯淡；靠数学模型预测是扯淡；价值投资，也同样是扯淡和谬论。

P A R T V

“江湖”经济学

功夫财经，八卦财经江湖。大到国与国角力，小到帮派争鸣，混搭各类财富八卦。头条主角中，有扎克伯格、Angelababy、崔如琢……不过瘾？再来细数下中国财富的现状，“玩”一把老板，磨练心性，最后再学一套赚钱的经典姿势，保住你苦心经营的财富。

扎克伯格的“野心”

文 | 李银

Facebook CEO 马克·扎克伯格（Mark Zuckerberg）在女儿马克斯（Max）出生后，宣布将在有生之年捐出 99% 的 Facebook 持股（请注意：1. 有生之年；2. 不是 99% 的 Facebook 公司股票，而是扎克伯格夫妇所持 Facebook 股票中的 99%）做慈善。

根据公开资料，扎克伯格持有大约 400 万股 FacebookA 类普通股以及 4.19 亿股具有特别投票权的股票。这些股票的绝大部分将用于扎克伯格的慈善事业。未来 3 年，扎克伯格每年出售或赠予的 Facebook 股票不超过 10 亿美元。公司在美股 1 日收盘时市值为 3030 亿美元，据此推算捐赠价值大约 450 亿美元。

人们对天气以喜恶论，讨论富豪做慈善也如此，且喜欢不惮以“恶意”来揣测富豪。你愿意讨论动机，我更愿意讨论方法与手段。

猜想，并非所有知道这一消息的人都读完了扎克伯格写给女儿长达 2200

字的信，否则，为何质疑他以为下一代谋求福祉的情怀为由行避税之实？否则，为何看不到扎克伯格的“野心”？

如果读了那封信，应当知道，扎克伯格夫妇将通过一家有限责任公司 Chan Zuckerberg Initiative，LLC.（扎克伯格—陈计划），实现慈善捐助。这家公司由扎克伯格完全掌控，有别于传统依靠捐款的基金会模式，是企业结构（有限责任公司）与慈善目标（基金会模式）的融合。

这意味着，这家公司并非非盈利基金会，需要为其慈善机构赚到的每一分钱纳税。法律上，当 Chan Zuckerberg Initiative 出售 Facebook 股票时，扎克伯格夫妇仍需要为此纳税，但是他们的资金在该公司的进出不会遇到额外税务问题。而且，这家公司也可以更灵活地随机调整它的慈善计划——至少扎克伯格可以自己决定某个时间里资助什么，捐多少钱，或投资什么项目，或是否以一家私人公司的名义与“政治辩论”。

信中，扎克伯格提到，“我们必须参与政治辩论。很多投资机构不愿意做这些，但是有了政府的支持，进步才是可持续的”，他信中提到的愿景之远大，单凭一家私人公司无法做到，需要“合纵连横”——这无疑是庞大、持久、影响深远的计划。

鉴于之前扎克伯格曾经创建和资助了游说组织 FWD.us（推动国会对移民法进行改革），不用怀疑 Chan Zuckerberg Initiative 除了将部分资金投向慈善事业之外，还可能将另外一部分资金用于游说和竞选捐献等活动。

如果读了那封信，应当知道，扎克伯格是有野心的，他的野心是给女儿及下一代 a better world。

实现这种“野心”的过程，扎克伯格有能力将情怀与利益并收。

中国企业家作死的五种姿势

文｜琢磨先生

2015 年 12 月 10 日，复星系身价百亿的郭广昌被协助调查，实德系老大徐明羽化成仙，看着这些商界大佬们的种种境遇，让我顿时没有了奋斗的动力。一个好朋友建议我最好把身价控制在 1 亿到 10 亿之间，而且要坚决不进福布斯排行榜前十！我看着钱包里的 500 块钱，觉得好幸运，一切还来得及。但有些人就不这么幸运了，所以今天咱们来说说中国企业家五种作死的姿势。

第一种作死姿势是赌博，别说赌博难收手了，连炒股一般人都戒不掉。我长这么大就见过一个人彻底不玩股票的，我真的很佩服他的意志力，就是我自己，因为我现在做了股评家。赌博和炒股的人，一般来说赢了觉得自己运气好，一定得到了上天的眷顾，还可以赢更多。输了觉得运气不好，心里默念着：要相信，好事就要发生了。只要有一点希望，就莫名其妙地乐观，然后继续赔。代表人物是黄光裕，媒体曾披露他在澳门公海输了10亿港币，后因挪用资金和内幕交易等罪名被捕。

第二个作死姿势是追女明星。冯仑曾经警醒追女明星的企业家，企业家是创业者，即使你已强大茂盛，一旦疏忽，企业随时都会倒掉。女明星是消耗品，明智的做法是，谈婚论嫁后，企业家让女明星退出娱乐圈。否则，会耗费太多的精力去控制爱情，那样怎么能够管理好企业呢？一看冯仑就是没有遇到过真正的爱情，若是陷入了真爱，谁还要企业啊，谁还要万科啊。不过这句话是有道理的，因为时间是最稀缺的资源，顾此就会失彼，把时间放企业管理上就会进取，放在女明星身上就会肾虚。

第三个作死的姿势是求仙问道，一个企业家求仙问道就是心虚。就跟一个人朋友圈里总是发名人名言一般就是生活遇到了问题，是一个道理。我曾经看到一个大师给一个企业家占卜，说你生活充满了波折啊，企业家连连点头说准。唉，谁生活不波折啊。那个大师又说你情感经历过于复杂啊。那个企业家说没有啊。大师说别人暗恋你，你不知道。其实要我说啊，在公司拜财神爷，不如拜员工，迷信玄幻的事情，不如踏踏实实做好产品。

第四个作死的姿势是热衷于上各种榜单。我们的好朋友胡润说17年来35位富豪出事，这还没算上2005年位列富豪榜第八的徐明，就快要放出来的时候，死了。其悲惨程度相当于买了辆新车，去提车的路上被车撞死了。再比如新华人寿的原董事长关国亮，“真功夫”的原董事长蔡达标等。所以没事我就上网搜自己的名字，终于有一天搜到了自己上了一个榜单，“最具屌丝气质网红”评选。我立刻打电话给他们说：能不能把我的名字撤下来，太高调了。

第五个作死的姿势是官商勾结。举个例子，比如总统去吃汉堡是没有问题的，但是如果这个总统花了一个汉堡的钱，店长给了他三个汉堡，然后这个店长跟总统达成了交易，每次总统来都可以获赠汉堡，而总统发给这个汉堡店一个特许证书，这就构成了权钱交易。比如汉龙集团的刘汉，想起来我就流汗。

做一家公司不易，做一家基业长青的公司更难，除了百倍的努力，还要有原则上的坚持，比如绝不行贿、不吸毒、不嫖娼、不偷税漏税。否则自己被抓了，留下的大笔财富和女明星，你说，到时候，我是从还是不从？

炒股磨练的其实是人性

文 | 琢磨先生

我是从 2015 年 5 月 27 日开始炒股的，股市 5 月 28 日开始暴跌，我一直以为是我造成了中国的股灾。接下来就见证了千股跌停、千股停牌、千股涨停、千股熔断，证监会变态，不是，是证监会救市，准确说是证监会的变态救市。等我老了就可以自豪地跟儿子说，爹当年可是参加了千股大战的。这大战投进去的是钱，磨练的却是人性，今天我就跟各位说说股市里怎么磨练人性的。

我是教哲学的，比如教康德啊、黑格尔啊、尼采啊、王阳明啊，自认为对金钱已经非常淡然，结果一炒股才发现这人性的贪婪。股票涨了，一天都飘飘然；股票要是跌了，世界都无精打采地暗淡。金钱成了左右自己情绪的开关，之前有美女朝我笑我就开心，现在美女朝我笑我第一个反应是：有什么好笑的？不知道我股市赔了钱吗？其实人生有很多因素组成，比如爱情，比如美食，比如友谊，不要把生活的重心都放在股票上面，这个道理等你们赔光了自然会明白的。

我一个朋友卖了房子炒股，结果在赚了一千万的时候不走，后来连本钱也赔掉了，他跟我说，就是因为自己太贪婪。后来他深刻反省，痛定思痛，把爸妈的房子也赔掉了。一个人掌控不了对金钱的欲望，就不可能掌控人生。这是炒股给我的第一个人性的磨练。

第二个对人性的磨练是，一个人的成熟不是宠辱不惊，而是对事情更有耐性。先说个故事，当年秦朝大将军王翦率军去灭赵国，结果遇上了赵国有名的将军李牧，李牧据守天险不出战。如果我们是王翦会怎么做？率百万大军出战，来都来了，怎么也要干一架吧？王翦跟李牧对峙了一年，其间用离间计害死了李牧，而后一举灭了赵国。炒股也跟打仗差不多，如果你每天看股市变化，总想要动一动，亏了的就想割肉去追涨，结果追涨的又跌了，双份亏损。庄家玩的就是每天看盘的人。所以一个浮躁的人，是不适合炒股的。

第三个对人性的磨练是，赔了的就赔了，在财务上叫沉没成本，意思就是已经亏掉的钱就不是你的了。就像谈恋爱，有个男生跟我说自己谈了个女朋友，明知道对方不合适，但是不能分手，毕竟请她吃了那么多顿饭了，如果现在分手，损失就大了。但结了婚的都知道，明知道不合适却不分手，损失更大，毕竟每年都有个双 11 剁手节。炒股也是如此，凡是亏掉的就不要再想了，否则就会影响自己下一步的决策。

所以你们看，我们哪里是炒股，我们炒的是人性。如果你已经炒股了，听哥一句话，不要沉迷，也不要轻易割肉，长线持有，总有回本的一天，你不相信证监会，你还不相信人民币贬值吗？到时候你亏的那点钱，根本就不值什么钱了。

“玩”老板

文 | 张春蔚

在《财经郎眼》2013年的年度盘点的时候，我当时的关键词是：自媒体。

大概半年以后，王牧笛结婚典礼上，时寒冰说他此刻大概明白我当时说的是什么。

又过了两年多，自媒体已经是山呼海啸，谁要没几个做自媒体的朋友都不好意思说自己是混互联网的。

今天我们来说说看起来枯燥的企业自媒体。2015年海尔的微信号搞过征婚，姑娘漂亮小伙靠谱，看看就是把公粮变成私粮，这才叫有趣。

而2016年年初很火的是万达的自媒体公号。首富王健林一曲：“假如你已经爱上我，就请你吻我的嘴。”人家王健林就唱唱，周围人会不会想多，不过来看的人不少，这曲《假行僧》光是在乐视的平台上就有3.6万的阅读量。

运营微信号的一看你们喜欢看我们老板唱歌，我们这儿还有，捎带着王健林演唱的《篱笆墙的影子》《单恋一枝花》这些视频全部是火火的。流量跑得哗哗的，比什么企业品牌、CI 都好使……

各位看官你们还喜欢，嗯，我们老板还喜欢看足球，还有第三个爱好，不过就是不当场告诉你，你得猜猜猜……还有奖品，来游戏吧，抽奖吧，我们约吧。

看看人家的公号，玩老板，玩得都出连续剧的感觉了。

要说玩老板，最初玩得好的那是 SOHO 中国的潘石屹，玩到公司企划对外都说我们从来不做硬广，光是老板一个人就顶全年广告费。甚至还因为潘石屹自己口无遮拦说乔布斯的苹果应该卖千元，而被娱乐为千元一平方米的房子。人家从善如流，能娱乐地配合大家发行“潘币”，一潘等于每平方米一千元，十潘是每平方米一万元……甚至还能配合媒体表演吹肥皂泡的拍摄，你以为你算计了一个房地产老板，逼着他表演了吹泡泡，就能看到房地产泡沫了，人家拿走的是免费版面和眼球经济。

再比如说京东，从西红柿到奶茶，甚至到别人的老板格力董明珠都统统消费。再比如说万科，从珠峰到红烧肉，难道不是玩老板？

试看今日之八卦，从微博到微信，玩公司老板、玩自家公司老板、玩别家公司老板、玩老板娘概念、玩未来的老板娘概念……你可以自己对号入座，在这个社交为王、口水为河的时代，你要玩不起就输了，你要不好玩就没戏了。

不好玩，玩不起，那都不是有逼格的自媒体。

榜爷来了：深扒《2016 胡润全球富豪榜》

文 | 胡润

《2016 胡润全球富豪榜》在 2016 年 2 月 24 日发布，和大家分享下 2016 年的发现。

尽管全球经济速度放慢，油价下降，股市表现不好，美元大幅增值，人民币贬值，超级富豪人数却增长了好多，很奇怪。但这是个大趋势，10 亿美金以上的超级富豪人数最近三年增长了 50%。

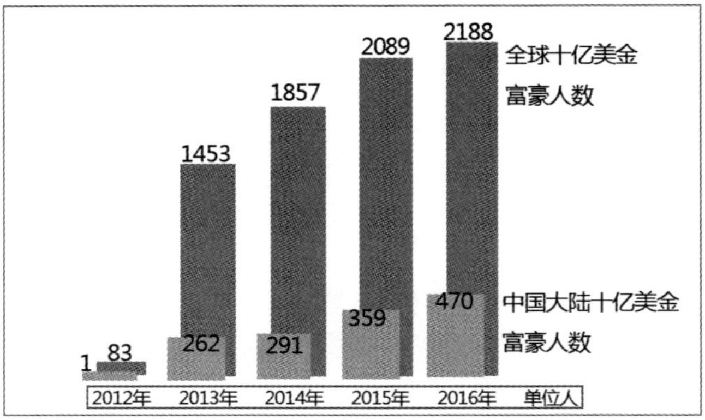

1. 全球富豪榜前十名

富豪榜的第一名和第二名仍然没有变化，分别是个人资产达到 5200 亿的比尔·盖茨和接近 4500 亿的巴菲特。中国首富是万达的王健林，个人资产接近 2000 亿，此外，马云、宗庆后都在榜单上。

全球十大富豪

排名	姓名	财富（亿元）	财富变化	主要财富来源	年龄
1–	比尔盖茨	5200	–6%	投资	60
2↑	沃伦·巴菲特	4500	–11%	投资	85
3↑	阿曼西奥·奥特加	4200	16%	Zara	79
4*	杰夫·贝佐斯	3500	83%	亚马逊	52
5↓	卡洛斯·斯利姆·埃卢家族	3300	–40%	美洲电信	76
6↑	马克·扎克伯格	3100	7%	Facebook	31
7↓	拉里·埃里森	3000	–15%	甲骨文	71
8–	大卫·科赫	2900	22%	科氏工业	75
8–	查尔斯·科赫	2900	22%	科氏工业	80
10↓	伯纳德·阿诺特	2400	–18%	路威酩轩	66
10*	迈克尔·布隆伯格	2400	76%	彭博	73

↑对比去年排名上升　　↓对比去年排名下降
–对比去年排名不变　　*对比去年进入前 10 名
数据来源：《2016 胡润全球富豪榜》

● 60 岁的比尔 · 盖茨蝉联胡润全球富豪榜第一，他 20% 的财富已经捐赠。

● 85 岁的沃伦 · 巴菲特，他的财富减少了 11%。巴菲特 2015 年捐赠了 140 亿元给比尔和梅琳达 · 盖茨的基金会。他最近一直在买进石油巨头 Phillips 66 的股票。他 99% 的财富都是在他 50 岁之后获得的。

● 79 岁的 Zara 创始人阿曼西奥 · 奥特加 2016 年重回前三甲，截至 2016 年 1 月，Zara 母公司 Inditex 股价触及历史新高。

● 52 岁的亚马逊创始人杰夫 · 贝佐斯首次进入前十。由于亚马逊股价飙升，他的个人财富迅速增长了 83%。贝佐斯在 2013 年的时候收购了《华盛顿邮报》。

● 76 岁的卡洛斯 · 斯利姆 · 埃卢跌出前 3 名。由于美洲电信的大幅下降，他的财富缩水 40%，成为榜单上财富下降最多的人，平均每天亏损 5 亿人民币。

● 31 岁的马克 · 扎克伯格财富增长 7%，成为前 10 名中的最年轻上榜富豪，他和他的妻子普莉希拉 · 陈宣布未来将捐出 Facebook 99% 的股票，价值高达 450 亿美元。

● 71 岁的拉里 · 埃里森，由于甲骨文股票价格的下降，财富缩水了 15%。埃里森捐赠了 2600 万元支持马尔科 · 鲁比奥的总统竞选。

● “能源大亨”查尔斯 · 科赫（80 岁）和大卫 · 科赫（75 岁）兄弟，在过去一年增长了 22% 的财富。查尔斯 · 科赫是共和党总统竞选最大的赞助者之一。

● 73 岁的迈克尔 · 布隆伯格，他的媒体集团股价大涨，首次进入前 10。布隆伯格被报道独立参选美国总统的想法是玩笑。他捐赠了 10 亿美元给约翰霍普金斯大学。

2. 全球富豪财富来源

表现比较好的行业有制造业（智能制造业比较多）、医药行业（生物科技相关）、投资（毫无疑问，大家都想做巴菲特）、科技。这些行业是最近几年涨得比较快的，能源和地产行业表现一般，富豪人数有所下降，且以中国人为主。

2016 胡润全球富豪榜－财富来源

	行业	人数（人数变化）	行业首富	公司
1–	科技、传媒和电信	307（+10）	杰夫·贝佐斯	亚马逊
2–	房地产	267（–13）	王健林家族	万达
3–	制造业	241（+22）	乔治·舍弗勒	舍弗勒集团
4–	投资	218（+13）	比尔·盖茨	微软
5–	零售	175（+1）	阿曼西奥·奥特加	印地迪克
6–	食品饮料	160（+4）	小福利斯特·马尔斯	玛氏公司
7–	能源	116（–13）	查尔斯·科赫、大卫·科赫	科氏工业
8–	金融服务	111（–7）	托马斯·彼得菲	盈透
9–	医药	106（+17）	迪利普·桑哈维	太阳药业
10↑	汽车	49（+4）	苏珊娜·克拉腾	宝马
11↑	矿	43（–1）	乔治娜·莱因哈特	罗伊山铁矿
12↓	物流运输业	41（–6）	杰克·泰勒家族	租租车
13↑	酒店管理	33（+3）	卡尔–海因茨·基普	Hotel Eden Roc
14↑	体育与艺术	27（0）	伯尼·埃克莱斯通家族	一级方程式集团

↑对比去年排名上升　　↓对比去年排名下降

–对比去年排名不变　　*对比去年进入前 10 名

数据来源：《2016 胡润全球富豪榜》

● 科技业、房地产、制造业和投资占据了榜单的大半江山。科技行业连续第三年成为全球十亿美金富豪的主要财富来源，房地产、制造业和投资紧随其后。

● 科技行业产生的十亿美金富豪最多，共 307 人，占整个榜单的 14%。亚马逊创始人杰夫·贝佐斯取代拉里·埃里森，成为最富有的科技富豪。

● 美国的科技富豪上榜最多，其次是中国，而且中国是唯一在此领域有女性富豪增长的国家，有 9 位。

3. 中国大陆富豪榜前十名

中国大陆十大富豪

大陆排名	姓名	财富（亿元）	财富变化	全球排名	主要财富来源	年龄	居住地
1↑	王健林家族	1700	4%	21↑	万达	61	北京
2↑	马云家族	1400	-14%	41↓	阿里巴巴	51	杭州
3↑	宗庆后家族	1250	0%	41↑	娃哈哈	70	杭州
4↑	马化腾	1240	12%	41↑	腾讯	44	深圳
5↑	雷军	920	0%	62↑	小米科技	46	北京
6↑	严昊	910	0%	62↑	苏太华系	30	南京
7↓	李彦宏、马东敏夫妇	825	-28%	121↓	百度	47，57	北京
8*	许家印	740	64%	121↑	恒大	57	广州
9*	卢志强	660	25%	101↑	泛海	63	北京
10*	丁磊	630	85%	121↑	网易	44	广州

↑对比去年排名上升　　↓对比去年排名下降

—对比去年排名不变　　*对比去年进入前 10 名

数据来源：《2016 胡润全球富豪榜》：《2016 胡润全球富豪榜》

●王健林家族超过李河君重回中国首富的宝座，并且超过李嘉诚首次成为华人首富。2016 年 1 月，万达集团宣布以 230 亿元收购美国传奇影业公司，这是迄今中国企业在海外的最大一桩文化并购。

●马云家族财富的全球排名比 2015 年下降 2 位。2015 年 7 月，马云创办的蚂蚁金服宣布完成首轮融资，包括全国社保基金、国开金融、四家保险公司等八家国内优质投资者成为蚂蚁金服股东。

●宗庆后家族的娃哈哈是中国本土最大的饮料生产商，旗下产业遍布全国 29 个省市自治区，集团销售额已经连续多年超过百亿美元。

●马化腾的财富全球排名比 2015 年上升 12 位。最新数据显示，腾讯的用户覆盖率高达 94.6%，远高于百度、阿里。

●雷军的财富全球排名比 2015 年上升 12 位。2015 年，小米手机出货量超过 7000 万台，仍然占据中国智能手机市场冠军宝座。在新一轮融资中，小米估值 450 亿美元，总融资额达到 11 亿美元。

●严昊的财富全球排名比 2015 年上升 12 位。苏太华系连续两年进入世界 500 强，2015 年以近 4000 亿营收额排名全球第 156 位，超越联想和华为。

●李彦宏、马东敏夫妇拥有百度 20.8% 的股份，他们的财富全球排名比 2015 年下降 22 位。

●许家印新进入大陆前十名，位列全球第 90 位，比 2015 年上升 87 位。2015 年实现销售额 2013 亿，较 2014 年的 1315 亿大增 53.1%。2015 年 12 月，恒大斥资 1600 亿打造的海花岛正式开盘。海花岛是恒大投入 1600 亿在海南打造的世界级、世纪级文化旅游项目，项目总占地 8 平方公里，是迪拜棕榈岛的 1.5 倍。

●卢志强新进大陆前十名，位列全球第 101 位，比 2015 年上升 49 位。卢志强财富增长主要靠他的 A 股上市公司。过去一年，泛海继续转型金融板块。2015 年 1 月，收购民安保险 51% 股权。4 月，以自有资金 41 亿元设立“民金所”、泛海担保、泛海基金、泛海资产，同时增资民生期货。

●丁磊新进大陆前 10 名，位列全球第 121 位，比 2015 年上升 30 位。目前，网易在开发互联网应用、服务及其他技术方面，始终保持业界的领先地位，并在中国互联网行业内率先推出了多项服务，还通过自主研发推出了一款率先取得白金地位的国产网络游戏。2016 年又有消息称丁磊将很有可能收购英冠的狼队，涉足体育领域。

4. 全球富豪国家 / 城市分布

中国企业家的全球排名上升很多，历史上首次超过美国。超级富豪在大中华地区有 568 人，在美国有 535 人，两国加在一起占到了全球的一半。城市排名中北京首次超越纽约，成为全球超级富豪人数最多的城市。2016 年北京有 100 人上了全球富豪榜，纽约有 95 人，莫斯科只有 66 人。北京成为全球超级富豪最多的城市，这是我也没想到的。

国家 / 城市分布

	国家	人数（人数变化）		城市	人数（人数变化）
1↑	大中华区	568（+90）	1↑	北京	100（+32）
2↓	美国	535（−2）	2↓	纽约	95（+4）
3–	印度	111（+14）	3↓	莫斯科	66（−7）
4↑	德国	82（+10）	4↓	香港	64（−7）
4↑	美国	82（+2）	5↑	上海	50（+20）
6↓	俄国斯	80（−13）	5–	伦敦	50（+1）
7–	瑞士	66（+6）	7–	深圳	46（+12）
8↑	法国	51（+5）	7↓	孟买	45（+5）
9↓	巴西	49（−7）	9↑	杭州	32（+10）
10↑	日本	42（−3）	10↓	巴黎	30（0）

↑对比去年排名上升　　↓对比去年排名下降

– 对比去年排名不变　　　* 对比去年进入前 10 名

数据来源：《2016 胡润全球富豪榜》；《2016 胡润全球富豪榜》；《2016 胡润全球富豪榜》

5. 全球华人富豪榜

不仅是国内的中国人，全球华人都了不得。另有六七十名华人也登上了全球富豪榜，他们都是早年到东南亚的移民。全球人口中华人占 20%，但富豪榜上华人却占到了 29%。

2016 胡润全球富豪榜 – 华人富豪分布

	居住地	人数（人数变化）
1	中国大陆	470（+74）
2	香港	60（–11）
3	中国台湾	34（–14）
4	新加坡	20（+6）
5	印度尼西亚	10（0）
6	马拉西亚	10（+3）
7	美国	8（0）
8	菲律宾	8（+2）
9	泰国	8（+3）
10	加拿大	1（+1）
10	法国	1（+1）
	总数	630（+101）

数据来源：《2016 胡润全球富豪榜》

●上榜华人有 630 位，比 2015 年多 101 位。大中华地区以外，海外华人主要分布在东南亚，以新加坡和印度尼西亚为首。

6. 白手起家富豪榜

2016 胡润全球富豪榜

"80后"白手起家的十亿美金富豪					
年龄	姓名	财富（亿元）	公司	性别	居住地
25	艾文・斯皮格尔	120	大中华区	M	美国
26	鲍比・墨菲	120	大中华区	M	美国
26	约翰・克里森	66	大中华区	M	美国
27	帕特里克・科里森	66	大中华区	M	美国
31	马克・扎克伯格	3100	大中华区	M	美国
31	达斯汀・莫斯科维茨	660	大中华区	M	美国
32	伊丽莎白・霍姆斯	280	大中华区	F	美国
32	内森・布莱查克杰克	240	大中华区	M	美国
32	程维	66	大中华区	M	中国
32	王悦	66	大中华区	M	中国
33	爱德华・多萨维林	360	大中华区	M	新加坡
33	比尼・班塞尔	95	大中华区	M	印度
33	何志涛	80	大中华区	M	中国
34	乔・吉比亚	240	大中华区	M	美国
34	林奇	100	大中华区	M	中国
34	萨钦・班塞尔	95	大中华区	M	印度
35、34	王麟诚、吴艳夫妇	140	大中华区	M、F	中国
35	汪涛	220	大中华区	M	中国

“80 后”白手起家的十亿美金富豪					
年龄	姓名	财富（亿元）	公司	性别	居住地
35	麦克·坎农–布鲁克斯	120	大中华区	M	澳大利亚
35	斯科特·法夸尔	120	大中华区	M	澳大利亚
35	张邦鑫	85	大中华区	M	中国
36	肖恩·帕克	250	大中华区	M	美国
36	蔡小如	92	大中华区	M	中国

数据来源：《2016 胡润全球富豪榜》

年轻富豪（不到 40 岁）：

上榜富豪不到 40 岁的有 69 位，人数增加了 29 人。其中中国大陆和中国香港最多，有 28 人，美国其次，有 19 人。

年轻富豪中有 47 人是白手起家，22 人是继承。23 位 80 后白手起家的十亿美金富豪上榜。

白手起家富豪：

中国富豪平均年龄为 56 岁。其中 503 位白手起家（94%），33 位继承财富。中国是世界上创造白手起家富豪最多的国家。

美国富豪平均年龄 60 岁，有 375 位白手起家富豪上榜，160 位的财富来源于继承。

要多关注年青一代的富豪，因为如果不到 40 岁就能够创造将近 100 亿人民币的财富，那么到 80 岁就会创造更多财富。

此外，还有很多好玩的发现：

中国白手起家的 10 亿美金以上的女企业家人数，毫无疑问是全球第一。中国是全球女企业家最重要的摇篮，超级女富豪人数占全球的 70%。

2016 年富豪榜上，属蛇的人占到了近 10%，看来属蛇的人 2016 年在全球的表现不错。

谁是中国最值钱的艺术家？

文 | 胡润

2016 年 3 月，香港举办了 Art Basel，这是全亚洲区最有影响力的艺术展。借这个机会，我们也在 3 月 23 日发布了《2016 年胡润艺术榜》，接下来给大家解读一下艺术榜 2016 年的发现和趋势。

将来有兴趣收藏或者是现在已经在收藏的人，艺术榜可以提供一个指导标准。艺术榜为中国的艺术家进行排名，但是艺术是个很主观的事情，因为一个人喜欢的东西另外一个人不一定也喜欢，但是根据数据来排名就不一样了。比如，一个艺术家过去一年中在全球公开拍卖市场上，作品拍卖总成交额最多就排到第一。

崔如琢 2013 年的作品《葳蕤雪意江南镜心》是 2015 年在世艺术家成交额最高的作品，由保利香港以 1.9 亿元的高价拍出。

《2016 胡润艺术榜》前十名（按总成交额排名）

	艺术家	总成交额（万元人民币）	涨跌幅	年龄	出生地	现居地
1–	崔如琢	78,630	69%	72	北京	北京
2–	曾梵志	11,181	–62%	52	湖北	北京
3 ↑	何家英	9,988	–48%	59	天津	天津
4 ↓	范曾	9,508	–64%	78	江苏	北京
5*	刘国松	9,311	24%	84	安徽	香港
6*	朱铭	9,166	30%	78	台湾	台湾
7 ↑	黄建南	8,541	–45%	64	广东	北京
8 ↓	黄永玉	8,197	–58%	92	湖南	北京
9*	姜国华	8,129	34%	62	山东	北京
10*	尚扬	7,206	235%	74	重庆	北京

↑表示排名比 2015 年上升，↓表示排名比 2015 年下降，—表示排名与 2015 年保持不变，*表示对比 2015 年新进入前十名

国画家崔如琢

连续两年蝉联胡润艺术榜榜首，成为除范曾 2012 年的 9.4 亿元之外，历年来位居榜首艺术家成交额之最。他 8 亿元的成交额共来自 126 幅作品，比 2015 年的 66 幅多了将近一倍。过去 6 年，崔如琢一直保持在胡润艺术榜的前 10 名。2016 年 2 月，崔如琢捐赠给故宫一亿元人民币现金，成为目前为止故宫文物保护基金收到的最大一笔个人现金捐赠。

油画家曾梵志

他是胡润艺术榜创榜 9 年以来最稳健的艺术家，一直保持在前 6 位。他 1.1 亿元的成交额共来自 23 幅作品，比 2015 年的 43 幅少了近一半。其中，拍得

最贵的三幅是由香港苏富比以3469万元拍出的曾梵志、马云2014年作《桃花源》、由香港佳士得以1669万元拍出的1998年作《面具系列》，以及由香港苏富比以1190万元拍出的2009年作《无题10-1-2》。

国画家何家英

他近1亿元的成交额共来自89幅作品，比2015年的190幅缩水一半。其中，有三幅作品成交价超过一千万元，分别是由鼎天国际以1380万元拍出的2013年作《清暑四美图（ 拓片）》、由天津同方分别以1242万元和1093万元拍出的《濠江花路 镜片》和《清暑四美图（镜心）》。过去6年，何家英一直保持在胡润艺术榜前10名。

国画家范曾

总成交额共来自224幅作品，比2015年的509幅少了一半之多。其中，拍得最贵的作品是徐悲鸿、范曾1946年作《六朝诗意图·知足常乐 镜心》，由北京九歌以4577万元拍出。

刘国松

9311万元的总成交额共来自102幅作品，比2015年多成交了18幅。其中拍价最高的两幅作品分别是刘国松2012年作《雪网山痕皆自然A——西藏组曲之181》，由北京保利以1024万元拍出；另一幅1970年作《子夜太阳III》由香港佳士得以752万元拍出。

雕塑家朱铭

新进前十，也是排名最靠前的非书画类上榜艺术家。他9166万元的成交额共来自80个作品，比2015年多成交3个作品。其中拍得最贵的两个作品是朱铭1994年作《太极系列：单鞭下势》和1994年作《太极系列：转身蹬脚》，均由香港苏富比以796万元拍出。

黄建南

8541 万元的总成交额共来自 37 幅作品，比 2015 年少成交 4 幅。黄建南已连续三年入围胡润艺术榜。

黄永玉

8197 万元的总成交额共来自 168 幅作品，比 2015 年少成交 62%。其中拍得最贵的是黄永玉乙卯（1975 年）作《荷花 镜心》，由中国嘉德拍出，成交价 748 万元。

国画家姜国华

继 2015 年首次入围胡润艺术榜，2016 年跻身前 10。他的 8129 万元共来自 107 幅作品，比 2015 年少成交 5 幅。

油画家尚扬

2016 年胡润艺术榜上成长最快的艺术家，他的 7206 万元共来自 33 幅作品，比 2015 年多成交 20 幅。其中尚扬 1994 年作《诊断 -3》以 805 万元由中国嘉德拍出，是他成交价最高的作品。

另外，2016 年马云也进了我们的艺术榜。他上富豪榜我能理解，上慈善榜我也能理解，但是艺术榜上也有他出现，令人有些吃惊。2014 年，他和国画艺术家曾梵志合作画了《桃花源》，该画以 130 万元港币起拍，经过 32 轮竞拍，历时 7 分 15 秒，被一位神秘买家以 3600 万元港币拍下，位居艺术榜价格最贵的在世艺术家作品前 10 名。

《桃花源》是马云和曾梵志的合作作品，也是马云第一次作油画。它以地球为主题，作于罕见的圆形画布上，直径 79.6 公分。

价格最贵的在世艺术家作品前十名

	拍品	成交价（万元人民币）	拍卖行
1	崔如琢 2013年作 葳蕤雪意江南 镜心	19,045	保利香港
2	崔如琢 2013年作 山水 四屏镜心	11,009	保利香港
3	石冲 1995年作 欣慰中的年青人	3,795	中国嘉德
4	曾梵志 马云 2014年作 桃花源	3,469	香港苏富比
5	崔如琢 2011年作 秋水一抹碧，残霞几缕红 镜心	2,875	北京保利
6	崔如琢 2012年作 花似玉雕叶似烟	2,645	北京翰海
7	崔如琢 甲午（2014年）作 飞雪伴春 镜心	2,530	中国嘉德
8	张晓刚 1993年作 天安门3号	1,802	香港苏富比
9	方力钧 1996年作 1996.4	1,750	香港苏富比
10	张晓刚 1995年作 血缘——大家庭·全家福	1,679	北京保利

历史最高成交记录（2007 年—2015 年）

单位：万元人民币

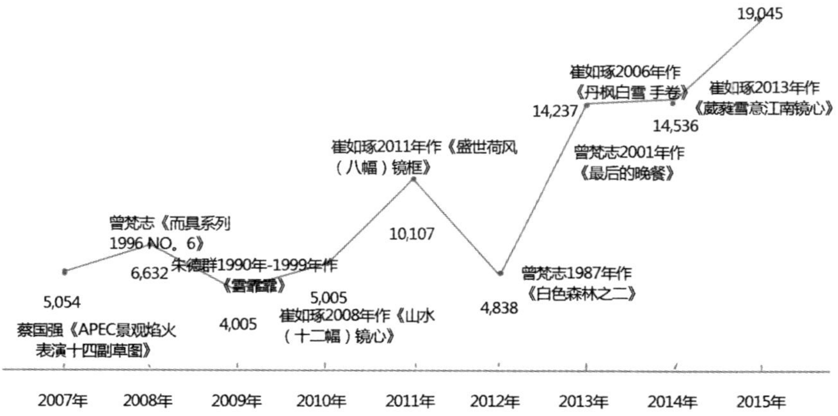

数据来源：胡润研究院

艺术榜共 100 位上榜艺术家，那么这些艺术家都住在哪里呢？

排名	地区分布	人数
1	北京	44
2	广东	13
3	江苏	10
4	上海	7
5	四川	4
6	美国	3
7	台湾	3
8	天津	3
9	香港	2
10	浙江	2

排名	院校分布	人数
1	中央美院	24
2	南京艺术学院	8
3	广州美院	7
4	四川美院	5
5	浙江美院	4

就整个市场来说，艺术家的总成交额连续四年下滑，比 2015 年又下降 45%，到 37 亿元，比 2012 年的最高峰下降 6 成。其中，国画艺术家总成交额比 2015 年下降一半；油画艺术家总成交额比 2015 年下降 35%。上榜门槛比 2015 年下降 55%，至 907 万元。总成交额过亿的艺术家仅 2 位，2015 年有 18 位。

51 位 2015 年上榜的艺术家 2016 年总成交额有所下降，8 位总成交额增长。

富豪其实多得很，那到底是什么影响了人们对于艺术收藏的热情呢？我认为原因有三个：第一，反腐影响很大。以前人们可以送奢侈品，可以送艺术品，但是现在由于反腐都不能送了。第二，是经济速度放缓。现金不如以前那么充裕，愿意去买艺术品的人可能会抱有再等等的心态。第三，以前有泡沫。现在艺术品的平均价格已经回到 2008 年、2009 年的水平。以前的泡沫，尤其是 2011 年和 2012 年泡沫都已经跑掉了，对于新收藏家来说，如今艺术品的性价比已经很合算了。

2016 年的艺术榜的总成交额下降了很多。所以如果有兴趣，选择这个时候入行是很合适的。但如果对这个行业比较陌生，想了解如何进入行业，我建议参考下艺术榜，因为艺术榜有客观的数字做参考，不评价艺术品的好坏，但艺术品值多少钱是可以提供数据的。

谁是当今中国“最辛苦的城市”？

文 | 肖锋

1998 年，《新周刊》推出中国城市魅力排行榜。

最大气的城市 北京　最奢华的城市　上海
最男性化的城市 大连　最女性化的城市　杭州
最秀美的城市 青岛　最欲望的城市　深圳
最精致的城市 苏州　最市民化的城市　武汉
最火爆的城市 重庆　最神秘的城市　拉萨
最说不清的城市 广州　最辛苦的城市　香港
……

十几年后，谁是当今中国“最辛苦的城市”？

深圳无疑，帝都随后。

全国各地房价排行榜

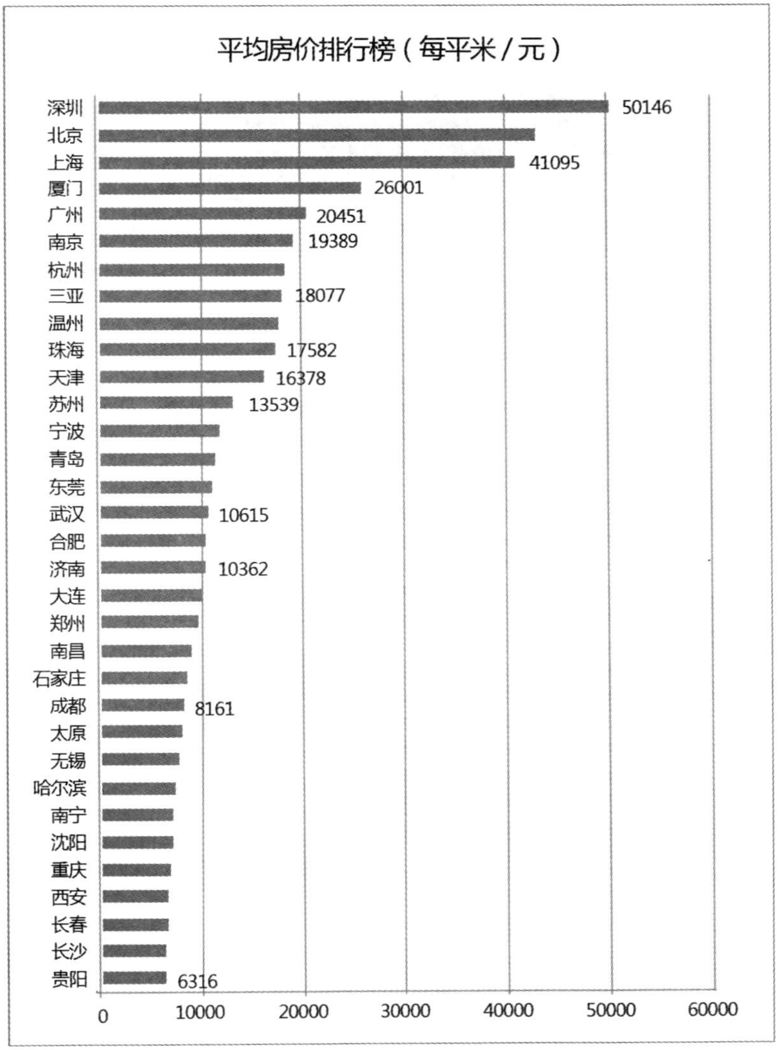

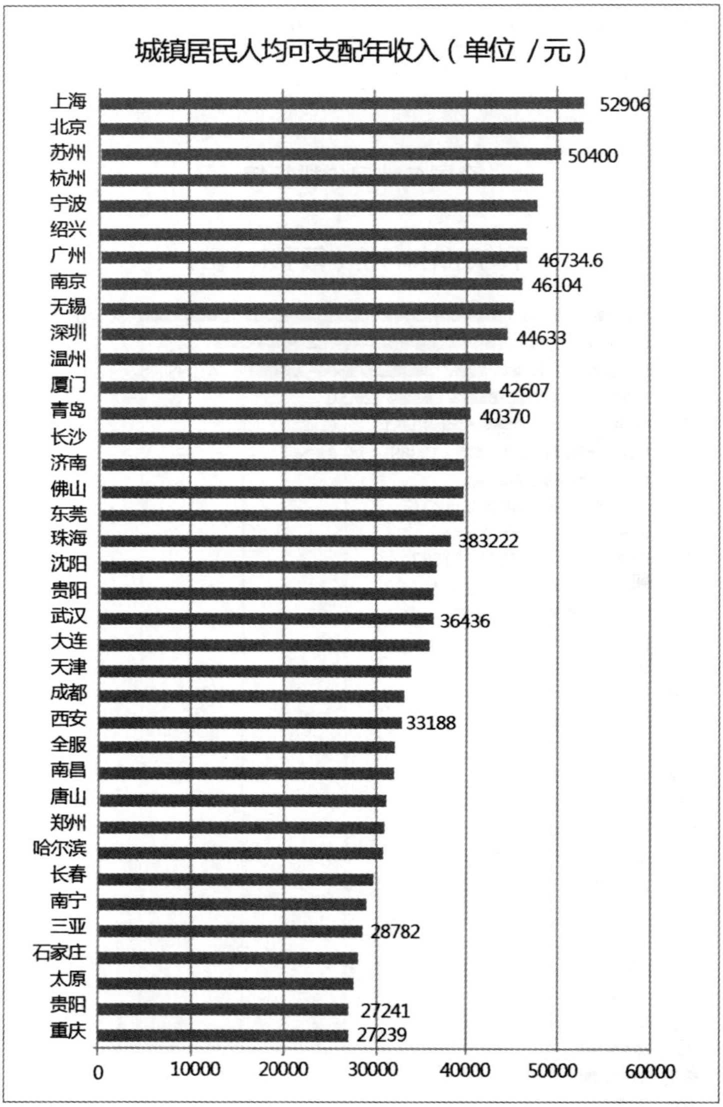

数据来源：搜狐财经

谁是中国“房痛指数”最高的城市？

按“城市战争”微信公众号的发布，“房痛”指数（房价 / 收入之比）最高的是深圳、其次是北京、第三上海、第四三亚、第五厦门。

在深圳，一个居民平均需要 13.5 个月的“可支配收入”才能买得起一平方米的房子。而在广州、武汉与长沙，分别只需要 5.3、3.5、1.95 个月。中国各大城市中长沙最低，所以才成为中国娱乐之都。

房痛指数

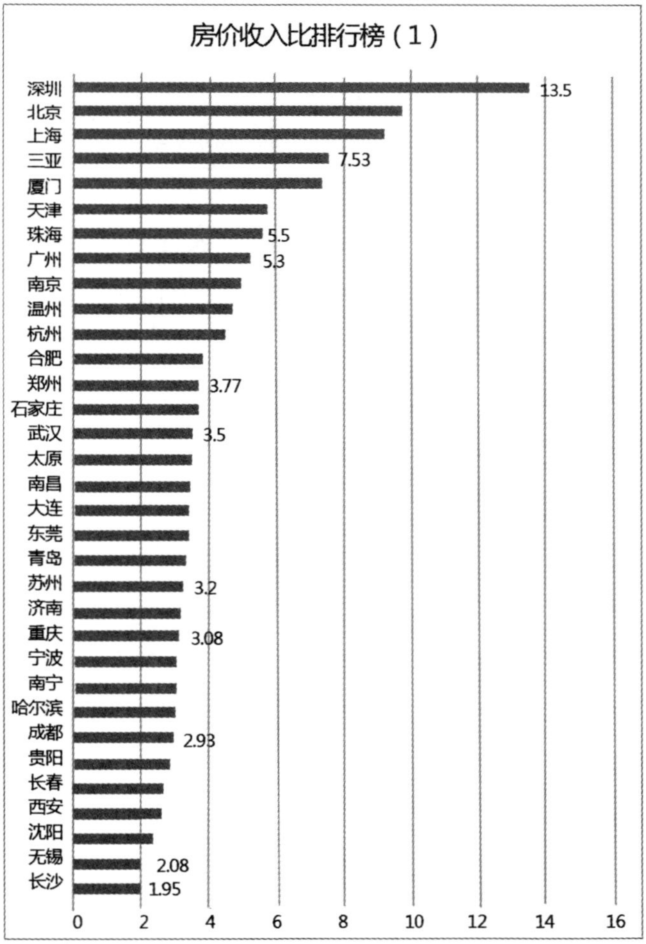

数据来源：搜狐财经

有些经济学者会告诉你，房价是一个城市的股价，房价越高，说明这座城市的经济越发达，有多高的房价就对应多高的居民收入。

事实真的是这样吗？深圳的平均房价是广州的 2.5 倍、武汉的 5 倍，但是人均可支配收入却比广州略少，是武汉的 1.22 倍。

无论是看人均可支配收入，还是看工资收入，一线城市对二线城市的“领先度”其实都不大，其“房痛指数”却大幅度领先于二线城市。考虑到房价、拥堵、雾霾等生活成本，一线城市应该是这个星球上最不“宜居”的地带。如果你只是想追求一个稳定的生活，有太多城市比深圳、北京更宜居。

但假如你想追求梦想和野心，就到深圳、北京、上海来吧。一线城市的真正价值是成就冒险主义者。痛并快乐着吧！

如果你不甘于平庸的生活，如果你想拥有网红般的巅峰体验，如果你想登上纳斯达克的敲钟台，那么一线城市可能是你的“应许之地”，这个人口、资本、资源的高度聚集区。

什么是幸福城市？什么是幸福公式？

中国需要什么样的城市？似乎年轻人、中年人、老年人答案不同，很难兼顾。

到一线城市打拼，就像追求一位女神，痛并自虐着。你有永远追不到的痛苦，也有永远追不到的幸福。幸福指数和痛苦指数，可能就是一回事。

什么叫幸福？见仁见智。

著名经济学家保罗·萨谬尔森有一个幸福公式：幸福 = 效用 / 欲望。

效用可近似财富，幸福可近似满足感：效用越高和欲望越低，幸福感越强，反之，幸福感越低。

我提个通俗幸福公式：幸福 = 住房面积 / 房价。

所以二、三线城市幸福感最强。是这样吗？

京漂、沪漂、鹏漂们（深圳又称“鹏城”）一定不同意。梦想呢，远方呢，年轻时吹过的牛呢？

他们的幸福公式是：幸福 = 梦想或吹过的牛 / 挫折。

他们甚至挫折越强，干劲越大。用要买下一套期房来励志，和用公司要上市来励志的效果似乎一样。

有人你压他，压出潜能。有人你压他，他就垮了。有人抗压，为梦想可以牺牲眼前的幸福。但多数人只想过寻常生活，过小日子罢了。

北上广深？北上深广？或北上深杭？

北上广深，谁打赢了过去 5 年的城市战争？这是另一篇文章的标题。

第一，人口争夺战。如果从小学生人数来看，过去 5 年最具人口竞争力的城市是深圳，其次是北京。这两个城市为第一阵营，人口实际增速都超过了 30%。上海和广州差不多，增速都没有超过 14%。

人口增速

	小学在校生人数（单位：万人）			常住人口（单位：万人）		
	2010 年	2016 年	增减幅度	2010 年	2016 年	增减幅度
北京	65.3	85	30%	1961	2171	10.7%
上海	70.2	79.9	13.8%	2302	2415	5%
深圳	61.9	86.5	39.7%	1036	1138	9.8%
广州	82.5	93.8	13.7%	1270	1350	6.3%

第二，资金争夺战。最大赢家是深圳，手里的钱增长了 187%；其次是上海，增长了 100%；北京跟上海差不多，最差的是广州。

	本外币存款余额（单位：万亿）			GDP（单位：万亿）		
	2010年	2015年	增减幅度	2010年	2015年	增减幅度
北京	6.7	12.9	93%	1.38	2.3	67%
上海	5.2	10.4	100%	1.69	2.5	48%
深圳	2.02	5.8	187%	0.95	1.75	84%
广州	2.4	4.28	78%	1.06	1.81	70%

第三，“社会消费品零售总额”。深圳最差，去年只增长了 2%，而北上广的增速分别是 7.3%、8.1% 和 11%。有人据此认为，房价上涨过快，剥夺了深圳人在衣、食、行等方面的开支。换句话说，2% 的超低增速，显示出深圳房奴是全中国最苦逼的。

综上所述，在过去 5 年的城市战争中，深圳、北京是最大的赢家，在“人”和“钱”的争夺上都获得了胜利。

北上广深？北上深广？或北上深杭？有人甚至认为杭州凭阿里上位，取代广州的广交会。

广州正被遗忘，在“一线城市”里落伍了。我开玩笑说，广州率先逃离北上广。这没什么不好，房价理性，过小日子。

So What？那又怎么样？我们广州人民说，“广州人务实的态度使得房价和车牌拍卖价都不会太高，是不是一线城市老百姓无所谓”。

深圳，中国的希望？

如果按这两年的增长，深圳从竞争力和经济实力上必将成为中国第一城。原因很简单，就是深圳曾经并继续集中中国的野心家们。

但也可能物极必反。高房价往往是一个城市或国家衰落的开始。当啪啪的时间和心情都没有时，这个城市一定是病了。

长期高房价对个人而言会有几个结果：

1. 为了梦想，一切皆可抛，包括感情，包括寂寞。若为成功故，一切皆可抛。

2. 为了梦想，快速成功。加快成功，兑现买房。于是浮躁之风盛行。

3. 逃离。实在坚持不住了，逃离北上广，上一轮有不少创业团队逃到了成都或海口。

最近一个故事让人唏嘘。在深圳来自湖北的高先生把深圳的房子卖了 400 来万元，用这笔钱在武汉买了 4 套房。“4 套房子都有学区，其中 3 套位于汉口金融中心，还有 1 套是华科附近光谷一小的学区房。”“其次是再也不用想房子，也敢花钱了！顿时感觉生活没压力了！”但高先生一家回去后收入不减是个关键，能找到对口的岗位也是个关键。

有办法吗？

我曾主张年轻人买房。因为，只要土地财政不变，房子还不是公共物品，还是牟利的工具，那一线城市的房价在短期内（三五年吧）是不会大幅下降的。那么深圳、北京还会是中国最有欲望的同时又是最辛苦的城市。

怎么解决一线城市“房痛指数”最高的难题？北京“变懒”，对城市竞争力肯定有损伤。深圳在填海，据称要填出一个澳门，但整个澳门不过能容纳五六十万人口，杯水车薪。

同样是高科技驱动城市，我们看看硅谷，旧金山湾区房价随高科技起落，但美国没有户籍问题。有规划曾要打造中国的珠三角湾区，或北京借助京津冀一体化分散资源和人口，但遭遇户籍和行政壁垒两大障碍。

归根结底还是一个要素和资源自由流动的问题。北京要合并河北某某地区，或深圳与惠州合并，传言已久，并未落实。

是否可参照旧金山湾区，建立大创新区，将深圳湾延伸到广州南沙一带，北京延伸到河北一带，以居住证制来划定居民权利呢？

总之，让这个时代最有想法、最有野心的人成为“最辛苦的人”，不是因为梦想，而是因为房价，这是时代之耻。

《2016 胡润慈善榜》，上榜的居然有 Angelababy？！

文 | 胡润

2016 年 6 月 7 日在上海，胡润百富首发了《大城小爱慈尚会 2016 胡润慈善榜》（以下简称《慈善榜》），给中国最慷慨的 100 位慈善家做排名，这个榜单已经做到第 13 个年头了。《慈善榜》主要关注上榜慈善家的捐钱数目和捐赠方向。

2016 年的首善是腾讯的创始人马化腾，捐了约 139 亿人民币，这是继两年前马云之后，第二个捐款上百亿的首善；第二名是腾讯的另一位创始人，陈一丹，他捐款 40 亿，一半用于设立教育奖项“一丹奖”，一半用于捐建武汉学院；第三名是一位女慈善家，园林大王——东方园林董事长何巧女，捐赠了自己所持有的东方园林的 7630 万股股权，价值约 29 亿。她的捐款与几年前的风格有所不同，之前大都是捐一笔钱，然后就没有下文了。而现在不仅捐款数额增多，也更加注重可持续性。所以说何巧女 29 亿的捐款，值得大家关注。

整体来看，教育和赈灾一直占到捐赠数额的一半。

表：《大城小爱慈尚会 2016 胡润慈善榜》前十名慈善家

	姓名	捐赠额（亿元）	主要捐赠方向	公司	年龄	主要行业
1*	马化腾	139	社会公益	腾讯	45	IT、娱乐
2*	陈一丹	40	教育	腾讯	45	IT、娱乐
3*	何巧女	29	社会公益	东方园林	50	园林
4↓	王健林家族	12.6	扶贫、教育	万达	62	地产、文化
5*	许家印	8.4	扶贫、社会公益	恒大	58	地产、投资
6–	黄如论	8.2	教育、基础设施建设	世纪金源	65	地产
7*	卢志强	7.3	教育	泛海	64	地产、投资
8*	吴少勋	3.2	基础设施建设	劲牌	60	保健酒
9*	邱光和家庭	3	教育	森马	65	服装
10*	邵根伙	2.7	教育	大北农	51	饲料、种业

注：* 表示对比 2015 年新进入前 10 名，↓ 表示对比 2015 年排名下降，– 表示对比 2015 年排名不变

总捐赠额比 2015 年上升了 50%，达到 300 亿元，是三年前的 5 倍多。上榜门槛为 1255 万元，比 2015 年 1200 万元多一些。共有 27 位慈善家捐款过亿，比 2015 年多 9 位，与 2008 年持平。

2016 年，社会企业和慈善创新明显结合。

《慈善榜》上超过一半的慈善家都是《百富榜》的上榜人员，包括《慈善榜》

前 5 位的王健林。泛海集团董事长卢志强在教育行业的捐款居多，他给复旦大学捐款 7 亿，这笔捐款应该是复旦大学历史上最大的捐赠之一。

表：历年主要捐赠方向变化

方向	2016	2015	2014	2013	2012	2011	2010	2009	2004
教育	46%	44%	27%	34%	36%	24%	26%	18%	39%
社会公益	20%	26%	20%	26%	32%	29%	20%	15%	7%
扶贫	11%	9%	11%	15%	20%	9%	10%	10%	15%
赈灾	3%	5%	19%	1%	3%	26%	28%	43%	27%
其他	19%	17%	23%	24%	9%	12%	16%	14%	12%

注：社会公益包括：慈善基金会等

教育捐赠中，主要是向母校捐赠。接受捐赠数额最多的学校依次是：复旦大学（8 亿），清华大学（3 亿）、中国农业大学（2 亿），其他受赠 1 亿元以上的学校还有北京大学（1.2 亿）、中山大学（1.2 亿）、西南财经大学（1.2 亿）、深圳大学（1.2 亿）、上海交通大学（1.1 亿）和杭州师范大学（1 亿）。

还有很多新晋的慈善家。每年慈善榜上都有大概七成的新面孔，2016 年则出现了 3 个特别的慈善家：一是超级明星黄晓明和杨颖，这也是第一次有明星捐赠大笔金钱，两人捐款达 1685 万人民币；还有一个是大艺术家崔如琢，崔如琢向故宫捐赠 1 亿元。

注：崔如琢是榜上最年长的慈善家，他向故宫捐赠 1 亿元，在榜单上排第 20 名。

注：27 岁的杨颖是榜上最年轻的慈善家，她和黄晓明一起以 1685 万捐赠额位列第 87 名。这也是《胡润慈善榜》历年来第一次上榜的影视明星。

纵观上榜慈善家最多的行业，地产排第一，金融投资排第二，IT 排第三，这跟《百富榜》的数据是相吻合的，因为这三个行业的资金是目前最多的。其中，地产行业有 35 位，比 2015 年减少 9 位；金融与投资行业有 33 位，比 2015 年增加 14 位；IT 行业有 13 位，比 2015 年增加 7 位。接下来我们还会发布另外几个榜单——港澳台和其他地区华人最近一年的慈善榜。而且我们还找到了 50 个历年捐赠超过 5 亿的人，其中 4 个人捐赠上百亿，他们是马化腾、马云、李嘉诚，最后一个是谁？你猜。

怎样才能改变世界？——慈善的力量

文 | 胡润

了解我的朋友都知道我一直在关心中国慈善的变化。百富榜关注富豪，因为这些富豪离不开慈善。胡润百富 2016 年 7 月 13 日发布了一个关于全球最成功华人慈善家的报告，我们找了 50 位在世的华人，他们每个人的捐款都超过 5 亿人民币，是他们正在改变世界对中国慈善理念的认识。而我近来对中国慈善的巨大创新也印象深刻。

值得关注

有些慈善家虽然可看到的历年捐赠额未超过 5 亿元，但同样值得关注。例如海外教育领域捐赠较多的：广州著名地产商、侨鑫的周泽荣向悉尼科技大学捐赠上亿元；SOHO中国的潘石屹、张欣夫妇捐赠给哈佛大学和耶鲁大学的计入个人捐赠部分有近1个亿，另外SOHO中国助学金计划在全球捐助1亿美元助学金，资助在世界一流大学攻读本科的中国贫困学生，但由于目前还未实施所以不计入；高瓴资本的张磊向耶鲁大学捐款5000多万；其他教育领域捐赠较多的还有深圳步步高的创始人段永平，累计向浙江大学和人民大学捐赠4亿多。

首先，很多企业家之前做慈善都是把钱直接捐到某个项目中，而现在他们做慈善时更多地考虑影响力。比如环保问题，环境治理本身需要大笔钱，但他们把钱投给优秀的学者、科研机构，通过这些人的研究结果来影响中国环保政策，这就能够产生更伟大的影响。

对科研机构的投资

李嘉诚以1650亿元财富位列《2016胡润全球富豪榜》第23位，捐助其家乡80多亿建立汕头大学。“李嘉诚基金会”至今已捐出逾200亿港元，主要支持教育及医疗公益项目，包括其捐资创办的长江商学院。

李达三位居《2016胡润全球华人慈善榜》的港澳台及华侨慈善家第三位。过去一年中分别向浙大、复旦、宁波大学各捐赠1亿元用以支持教育、科研事业的发展；另外，还向香港四所高校城大、港大、中大、科大各捐赠1亿港币用于培育优秀学生。

陈发树，新华都实业集团创办人及董事长、武夷山旅游股份副董事长、紫金矿业董事、北京大学名誉校董，以财富240亿元位列《2016胡润全球富豪榜》第479位。迄今为止他已经捐资7亿元用于闽江学院新华都商学院的建设与发展，这是中国教育部批准的第一个创业与创新MBA硕士学位点。

陈光标2015年以财富48亿元位列胡润百富榜第793位。他历年捐赠额超过26亿元，他以自己高调、创新的慈善和创新的环保行为，引领了中国企业家积极投身慈善事业和环保产业。他不只捐助钱物，还亲力亲为，每次都第一时间奋战在赈灾救难的第一线，被国际主流媒体誉为中国慈善事业和环保产业的开路者和领头羊。陈光标第一次受到广泛关注，是在汶川地震灾区，他带领120名员工、60台大型机械第一时间赶到灾区。陈光标因此被评为第二届全国道德模范，这一殊荣是由中共中央宣传部、中央文明办等国家7部委机构所授予的。陈光标的黄埔再生资源主营建筑垃圾的拆除和再生利用，是国内该领域首屈一指的环保企业，同时将近50%的公司利润用于慈善事业。

其次，80后的慈善家普遍更关注慈善平台，提供广阔的平台让慈善成为人人都可以参与的活动。最近腾讯公益、支付宝公益，甚至一些直播平台也开始直播公益活动，让大家可以直接捐钱到慈善机构。

老牛基金会和老牛兄妹公益基金会

牛根生，蒙牛创始人，企业崛起后，他逐步由企业家转型为慈善家，创立“老牛基金会”成为捐股第一人，“基因式慈善模式”的首倡者。2005年初携家人捐出所持蒙牛公司全部股份及大部分红利，开创了国内第一例通过信托基金做公益慈善的成功典范。目前牛氏家族捐赠资产价值已超过45亿元，老牛基金会累计公益支出达9.8亿元。在其影响下其子女亦发起成立“老牛兄妹公益基金会”。由于牛根生早年便将绝大部分财产捐出，所以没有进入胡润百富榜及本年度胡润慈善榜，但其在2006—2010年间5次荣登胡润慈善榜，堪称第一位“中国卡耐基”。

阿里巴巴公益基金和浙江马云公益基金会

马云2010年牵头设立阿里巴巴公益基金。2013年他和太太加入生命科学突破奖基金会担任理事，每年将为该基金会捐助300万美元。2014年个人出资200万人民币注册成立了“浙江马云公益基金会”；他和阿里巴巴的第二大股东蔡崇信共同捐出个人持有的、相当于阿里集团总股本2%的股份用于慈善。

2016年马云又承诺将把自己在云锋基金所得收益全部捐赠给阿里巴巴公益基金或其他慈善实体。马云家族以1400亿元财富列《2016胡润全球富豪榜》第36位。蔡崇信与马云共同设立慈善信托基金，蔡崇信占3成，马云占7成。蔡崇信以290亿元财富位列《2016胡润全球富豪榜》第341位。

企业家实现财富自由之后，会开始关心如何将慈善跟生活方式结合在一起。参与慈善让他们感受到其中的乐趣，让生命更有意义，所以他们想将慈善事业传播出去，影响更多圈子里的朋友们来参加慈善。这也是我一直坚持做慈善报告和慈善榜的原因。

2016年6份，20名上榜企业家和我一起去伦敦，见了世界最大的管理基金——黑石基金的创始人史蒂夫·施瓦茨曼。他是个美国人，捐给清华大学4亿美金（合20多亿人民币）专门成立了一个基金 。他强调社会企业和效益投资(social enterprise and impact investing)，也就是做善事的同时也可以挣钱。

企业化捐赠

企业化捐赠做得较好的有王健林的万达以及张近东的苏宁，裸捐的有牛根生。此外，温州地产商周庆治的南都公益基金会，大力推进“新公民计划”为中国慈善界的一个亮点。李连杰的壹基金和阿拉善基金会也在企业家中引起很大的反响。

掏心窝子跟你聊聊，你为什么赚不到钱

文丨琢磨先生

我从来不讨厌钱这个东西，我相信你们应该也不讨厌吧，那接下来我们就有共同语言了。

我觉得赚钱的方法有很多，比如用自己的能力赚钱，用别人的能力赚钱，用关系赚钱，用钱赚钱，用资源赚钱，用消息赚钱，用色相赚钱……不管用哪一种方法，我觉得人这一生是可能到达一个境界，这个境界就是做什么都赚钱，不做什么也可以赚钱。只要想赚钱，随时都可以赚，比如我可以通过讲课赚钱，可以通过出书赚钱，可以写专栏赚钱，可以策划创意赚钱，可以做脱口秀演出赚钱……总之，就是很多事情都可以赚钱，虽然不会富可敌国，但是好像也不怎么缺钱。

这不今天《故事会》这本特别有品位的杂志，在微博上给我发私信说：先生，我们摘了你一条微博，能不能把50块的稿费给你快递过去。真大方呢……这种巨款我经常收到，我的回复一概就是：帮我捐了吧。就是这么任性啊。

但是我也有很多朋友，穷其一生，也到不了财务自由的阶段，一直苦逼呵呵地打着一份辛苦的工，在电脑前耗尽自己的人生，最后落下个颈椎病，不敢轻言离职，也不敢随便换工作，因为房贷要还，儿子学费要交，水电费要付，信用卡要还……只能在夕阳西下的某个傍晚，坐在楼顶上，抽完一支烟，感叹一声，这就是操蛋的人生啊，然后回来洗洗睡了，第二次继续轮回。

我想来想去，一个人最终没有实现财务自由的原因有以下三个：

30岁前没有培养起自己独特的核心能力

这个能力一定是别人无法轻易取代的，唯有如此你才有价值。有句话不是这么说吗：不要去刻意融入什么圈子，当你的能量到达一定层级的时候，对应的圈子会自动吸纳你进去的。

有些人会觉得自己认识很多人，特别是很多牛闪闪的人，觉得自己的人生整个都飘起来了，觉得他们的人生有你的一分子，甚至错觉到大家平起平坐称兄道弟。其实，这种事吧，如果你本身并不牛，不管你如何去谄媚着靠近那些所谓的牛人，也不过是个陪衬。自己牛，才是真的牛。自己强大，才是真的强大。

所以长久的合作关系，一定是你具备了某一方面的能力，也就是你具有了某种价值，30岁前不管你如何跳槽，但一定记住，培养自己某一方面的核心竞争力。

没有好的人缘

这年头没有人帮自己很难成功，单打独斗受限于自己的专业和经验，很难突破自己的“瓶颈”。好的人缘，带来好的朋友，好的朋友就可以帮助自己突破自身的限制。

有些人交朋友，只惦记着自己那点利益，觉得别人都该帮自己，都该为自己谋福利，你是长得帅啊还是祖坟经常冒青烟啊？人家凭什么帮你啊，特别是赚钱这种事情，要不是死党，谁会让你发财啊。所以没事是不是应该多去朋友圈里给别人点赞呢？

我有个朋友每天上下午各拿出一个小时的时间，来给朋友圈评论，没得评论的就点赞。他说这样朋友们才会记得他，哪怕是不熟悉他的朋友，也会因为他的经常出现而记住他。他说自己的女朋友是点赞点来的，他的工作是点赞点来的，他买房子的钱也是他点赞借的。他说，人类历史的进步，跟点赞是分不开的。

所以平时要多积累朋友，不要等到需要用别人时，才想起对别人好。岂不知，人际关系就像栽一盆花，你不用心栽培，它就会枯萎。如何浇水施肥呢？打个电话嘘寒问暖，请客吃饭也不忘消夜，别人搬家去帮忙看看有什么不要的搬回自己家……对别人好点，别人才会时刻惦记你。

种花不是为了采花，但等花开绽放时，你自然可以闻得到芬芳。

不会独立思考，不去钻研背后的逻辑

师傅领进门，节操还靠个人呢。我一向觉得自己不算个聪明人，但是就是很喜欢琢磨，勤能补拙嘛，这个词好通顺啊。比如很多人给我推荐股票，说这个股票要重组了，那个股票要被借壳了，我就一一记在本子上，然后分析这只股票历史的数据、目前的经营状况、公司所在行业的现状，甚至我还会跑去这家公司所在地做调研，如果看到这家公司门口很多员工拉着条幅讨薪，我就觉得这公司确实差不多要重组或被借壳了。

靠着这份用心，我真的抓住了好多这种股票，后来真的重组和被借壳了。如果我买了的话，我早就发财了。这个时代聪明人很多，肯下功夫思考的人很少。

希望短平快赚钱的多，能自己琢磨背后逻辑的人少。所以要进入任何一门学科，要掌握任何一种知识，必须要下功夫，你要掌握它，就要先爱上它。

有这三点做保证，我觉得你也可以实现财务自由。算了，不说了，老婆说我要是拖地就给 100 块奖励，你们看，赚钱，就是这么自由自在。

纯干货，中产阶级如何才能不破产？

文 | 琢磨先生

2016 年 7 月初，《经济学人》杂志发表了一篇关于中国中产阶级的文章，大意是中国 2.25 亿中产阶级面对的各种挑战越来越大，担心因病返贫，担心养老，担心房产权得不到保证……这些困境正在让他们“节节败退”。这篇文章太危言耸听了，中国怎么可能有 2.25 亿中产阶级？他们都不炒股吗？我一个朋友本来是个中产，年薪 50 万，不过加上炒股的收入，总共年收入差不多负债 100 万，直接奔向了贫下中农破产阶级。

1. **那么到底什么是中产阶级？**

综合《经济学人》《福布斯》和麦肯锡的定义，中产阶级年收入应该在 7

万以上，有房产，在公司担任中层以上岗位。我觉得还需要加一条：经常收看财经节目，或者受过良好的教育，两者占其一就可以，这样素质就可以保证。符合这些条件的人在中国竟然有2.25亿，忽然觉得好失落，我以为跟我一样年收入7万以上的，只有王牧笛呢。

2. 这群人现在遇到什么问题了呢？

中产阶级在自己的财富问题上尤其焦虑，2016年上半年中国的GDP是6.7%，而M2均值在13%，简单说就是财富跟不上印钱的速度。M2-GDP=6.3%，虽然不能简单说这个数字就是CPI，但财富增长速度达不到6.3%以上，基本就是在贬值。而上半年A股的涨幅是-17.17%，A股基本就两个节奏：一是突破后回调，二是直接回调。而房地产2016年上半年百城整体累计上涨7.61%（CREIS中指数据），但房产税征收在即，前景不明。加上退休年龄延迟政策与人民币不停贬值，加剧了中产阶级的恐慌心理。

3. 这群人该怎么办？

因为事关我的切身利益，所以最近我做了很多研究和思考，我直接把结论跟中产阶级分享一下：

第一，保持自己的成长性。一定不能跟《欢乐颂》里的樊胜美一样，变成个深谙人情世故在事业上却不思进取的职场混混。能够对抗恐慌的最根本方法就是让自己成长，不管处境如何，累积并提升自己，或博览群书思辨而形成自己的知识体系，或训练自己的技能成为专业高手。否则哪怕自己短时间可以获得一笔财富，却因为自己无法驾驭和管理而昙花一现。我自己的方法是每隔3年就去考一个证书，考证书不一定是取得某种资质，而是逼迫自己归纳和整理过往的经验，并形成自己系统的方法论。

第二，是在资产的配置上，要多样性。我自己是这样组合的，基础是保障型的商业保险，涵盖医疗养老等种类，单纯指望社保养老风险太高。如果未来有移民的打算，就买香港或海外的保险，如果就打算宅在大中国，那就挑条件给得最优惠的买。其他的投资种类接着往下看。

第三，在房地产会不会贬值，和人民币会不会继续贬值这个问题上，我的判断逻辑是这样的：房地产是中国人的信仰，很多家庭的核心资产就是房地产，房地产一旦大跌，所引发的系统风险很难评估，所以我认为趋于稳定是大概率事件，而不是大幅下挫，当然我这个判断不包括深圳这类变态猛涨的城市。人民币会不会贬值应该不是个问题，问题在于贬多少。目前人民币可以买下整个美国和半个欧盟，前面我们说过中国 M2 平均在 13%，全球 M2 是 7%，照这个趋势下去，不出 10 年中国就可以买下全世界。如果人民币不贬值你认为其他国家会坐视不管？

所以我认为政府的政策会是：对内稳定固定资产，对外贬值人民币。由此我建议有三个：一是有条件的可以适当兑换美元汇到海外账户，没条件的也要把每年 30 万额度的外汇换完。二是在房地产投资上除非是非常好的地段，比如学区、地铁、成熟社区，否则以观望为主。三是可以适当购入人民币黄金，虽然 2015 年年底是黄金的最佳入场时间，但现在这个涨幅应该会有回调，那时或许是可以考虑投资黄金来对冲人民币贬值的。

第四，海外置业。在过去几年的时间里，受中国富人疯狂在欧美投资房产的影响，纽约、伦敦等城市已经大幅上涨，而且还导致了加拿大专门出台政策来限制外国人投资。这里说的外国人主要是中国人，现在外国人在加拿大买房必须额外缴纳 15% 的房产过户税。美国还没有出台类似政策，而且美元仍处于中期升值趋势，所以美国的一些大城市仍然具有相当的投资价值，比如洛杉矶、休斯敦、达拉斯等。

当然最最重要的一条建议是，不要轻易离婚，否则你的财富会瞬间损失一半。人生有四大悲剧你们知道吗？少年花钱追欧巴，荒废学业；青年情场当备胎，白忙一场；中年离婚分财产，便宜别人；老年养老靠社保，阿弥陀佛。

你不转变观念，你的财富就只有被蒸发的份儿

文｜琢磨先生

很久前有人问我是怎么理财的，我的答案是，如果你月薪 3000 块，要分成 6 份，1 分用在读书学习成长上，1 分用在朋友的各种婚丧嫁娶的份子钱，1 分投资在自己的健康上，1 分给女朋友买包吃饭看电影，1 分孝顺长辈，1 分在群里发红包，剩下的 2999.94 藏起来，谁都不要告诉。但现在我觉得这个段子有了严重的问题，就是你藏起来的钱可能不知不觉就没了，今天的中国正在发生巨变，这种巨变甚至超出一个人前 30 年的认知。

1996 年 12 月 5 日，时任美联储的 Alan Greenspan 在演讲中提出一个词——“非理性的繁荣”（Irrational Exuberance），这个词的提出直接刺激了当时的股市。当天的日经指数大跌 3.2%，恒生指数下跌 2.9%，德国股市大跌 4%，

英国大跌 2.2%，第二天早上美股开盘就下跌了 2.3%。这种感觉就像是大家心照不宣的一件丑事，竟然被人说了出来，这一下子就装不下去了，立刻就溃不成军。

我的疑问是中国目前是否正在经历“非理性繁荣”呢？先看看我们的 M2，常年以 10% ~ 13% 的货币增加速度，2016 年 7 月才降低到 10.2%。2006 年 M2 达到 30 万亿，到了 2016 年达到 141 万亿，10 年增长了 5 倍；与 1979 年比，37 年的时间增长了 1000 倍。这件事你肯定在想跟自己有什么关系，举个例子来说明吧。

假如这个国家只有 5 个人，这个国家的所有财富是 100 元，如果 A 占有 50 元，B 占有 30 元，C 占有 10 元，D 占有 5 元，E 占有 5 元。如果财富并没有增加，但现在这个国家又印了 100 元，A 拿到了 60 元，B 拿到了 30 元，C 拿到了 10 元，D 和 E 没有拿到钱。那么财富结构发生了什么变化呢？

A 因为拿到的新钱最多，所以占有的财富从 50% 增长到了 55%，B 继续占有 30%，C 继续占有 10%，因为 D 和 E 很谨慎地过日子，占有的财富从 5% 下降到了 2.5%。也就是说，有权有势有能力通过各种方式拿到新钱的 A，因为通货膨胀财富增加了 5%。B 和 C 这两个中产因为也善用杠杆保持了财富的原有水平。而 D 和 E 这类本来就没什么钱的人，因为小心翼翼地过着日子，有了钱就存银行，从不举债，结果这种“勤俭持家、量入为出”的老实人，财富在不知不觉中缩水了一半。

所以凯恩斯说，用通货膨胀的办法进行秘密的财富转移，“一百万人中间，也未必能有一个人看得出问题的根源”。即使说通货膨胀是一种隐形的税收，一点都不过分。同时通货膨胀让债务稀释，让债务人负担减轻，让钱从喜欢存款的人转移给了喜欢借钱的人。简单讲贫者越贫，富者越富。

看完 M2，再看看我们央行公布的 2016 年七月 M1，这个数字是 25.4%，

M1 是企业账户上的活期存款，M1 越高就意味着企业的投资越少，企业投资少，生产就无法扩大，信用就无法扩张，财富就不会增加。那 GDP 上半年是怎么到 6.7% 的呢，看央行的第三个数据，2016 年 7 月新增人民币贷款 4636 亿元，其中住房贷款增加 4575 亿元。意思就是房地产拯救了上半年的中国经济，而以企业为主的实体，投资动力严重不足。

那我们该怎么办？身为一个中产阶级代言人，我的建议有三个：

1. 在自己能承受的范围内，尽量用杠杆，比如买房能贷款就贷款，把首付交了就好了。如果买车之类的大件消费品，能利用利率优惠金融方案就利用，现在经济不好车也卖得一般，很多 4S 店都有金融优惠方案，利率也不过 2 个多点，如果你还没想透，再回去看看我前面 ABCDE 的故事。

2. 钱是最不值钱的东西，市场上大量的资金无处可去，股市坑爹，房市不明朗，债市违约不断，存银行里聊胜于无。权威人士有说中国经济在相当一段时间会是 L 走势，是时候抬起头来看看全球了，不要再蜷缩在小格局里。这代中产阶级眼光应该更广阔，哪里能保值就适当把钱转移过去，保住自己的财富，就是最大的爱国。

3. 从国家的角度来说该倒闭的企业就倒闭，救一个垃圾企业，不如扶持一个新兴行业。对个人来说如果你有突破和敢于突破常规的勇气，在经济萧条时反而更适合创业。这符合巴菲特老先生说的：在别人贪婪时恐惧，在别人恐惧时贪婪。因为经济萧条，人们对未来的预期消极，不会轻易大宗消费，反而在个人服装、化妆、娱乐等小额消费上更愿意花钱，这也是经济学上著名的口红效应。如果你想开一个餐馆，那么时候到了。如果你有奇思妙想，那么你的时代来了。

举个励志的例子，2016 年上半年奢侈品行业最惨的 Prada，Prada 继续墨守成规，反而曾经跟 Prada 一起挣扎在盈利边缘的 Gucci 全面复苏，上半年营业利润同比增长 7% 至 5.369 亿欧元。原因是重新定位后的 Gucci 不再老气横秋，用亮丽的色彩和夸张的设计，成功吸引到了追求新鲜感和喜欢社交媒体的新兴人类。

在任何一个时代，不管繁荣也罢，萧条也好，都会有人失败，有人成功，差别并不在于环境，而在于你的观念水平。

饱暖思淫欲——解密美国的周期律

文 | 时寒冰

回顾这几十年美国所走的路，发现有一个很有趣的规律，简单地用五个字来概括，就是饱暖思淫欲。

前面的事情过于久远，我们从近的开始说起。

1981 年 1 月，70 岁高龄的里根就任美国第 49 届总统，当时的美国正遭受严重的经济危机。里根上台后，放松政府管制（里根的名言“政府不能解决问题，政府才是问题本身”），大幅度地减税，把最高累进税率从 70% 减到 28%，被称为美国历史上最大规模的减税。同时，他采用弗里德曼的货币理论，控制货币总量以抑制通胀。

里根的措施卓有成效，美国走出了滞涨危机。1983 年，美国的 GDP 增长率高达 6.5%。尽管有人批评里根的政策是“劫贫济富”，但不可否认的是，几乎各个阶层的收入都在提高。

经济高速增长了，吃饱了喝足了，就步入了饱暖思淫欲的状态——这种状态的直接结果往往是对外战争。

1989 年，乔治·赫伯特·沃克·布什（即老布什）当选美国总统。他上台后不久，就开始抓阶级斗争，这次，他看上的是昔日的老朋友——性感而风骚的萨达姆先生。1991 年 1 月，以美国为首的多国部队（66 万人的军队，美军占了近 50 万）为恢复科威特领土完整而对伊拉克进行了猛烈打击。尽管从 1985 年开始，美国开始从债权国转变为债务国，但由此拖垮了苏联却是物有所值。而且，当时的债务很小，几乎可以忽略。

而老布什任内，从海湾战争开始，美国的债务就直线上涨。

缺钱花了，怎么办呢？能解决饱暖问题的擅长抓经济的总统上台了。

1993 年 1 月，比尔·克林顿就任美国第 42 任总统。克林顿“高筑墙，广积粮，缓称王”，抓革命促生产，大胆实施以增加经济增长潜力为核心的财政政策，同时削减非生产性支出，减少财政赤字。这个大胆的振兴经济计划取得了显著效果，美国经济从 1993 年开始步入长达 9 年多的上升期。1998 年，美国联邦预算实现了自 1956—1957 年以来的首次盈余，2000 年，财政盈余进一步上升至 2370 亿美元。

克林顿在最后一次国情咨文中也不禁自我赞叹说：“2000 万个新工作、30 余年来最快经济增长、30 年来最低失业率、20 年来最低贫困率、42 年来首次连续实现财政盈余。”此美利坚亘古未有之盛世也。

2001 年 1 月，克林顿离任，为继任者小布什留下来的是黄灿灿的金子。

2001 年 1 月，乔治·沃克·布什（小布什）就任美国第 43 任总统，开始花黄灿灿的金子。当年，9·11 恐怖袭击发生，小布什随即发动了阿富汗战争。而后，看看父亲当年没有弄死的萨达姆还健在，并且依然风骚，随即又发动了伊拉克战争。经过一系列反恐战争，克林顿所留下来的积蓄，很快被折腾光，加上持续减税导致财政收入下降，到 2006 年，美国的外债已高达 14 万亿美元，超过了美国当年 GDP 总量。

缺钱了，怎么办？重新老老实实发展经济，尽可能少地对外用兵。这次，承担解决饱暖重任的是奥巴马。

2009 年 1 月，奥巴马就任美国总统。他深知由于前任饱暖思淫欲快折腾干了，亟须韬光养晦，重振经济，他承诺从伊拉克撤军，大力发展经济。一不小心，在当年获得了诺贝尔和平奖。作为美国总统，只要说不打别人，就有资格获得诺贝尔和平奖，更何况还承诺撤军呢？

奥巴马上任后，就开始大力发展经济，全面推动民生问题的解决，同时，大力构建以美国为核心的贸易网络。奥巴马医保、TPP、制造业回归成为奥巴马的三个重要代表思想。在奥巴马任期内，美国的失业率稳定下滑，经济率先走出危机的阴影，成为全球经济的一个亮点。

从经济发展的角度来看，奥巴马做得还是不错的。当然，奥巴马并没有闲着，在闲暇时间授命空袭过好几个小国，但大都是隔空扔几颗炸弹而已，尽管如此，还是把小布什花费 N 亿美元没有找到的拉登给干掉了，让美国人走出 9·11 的阴霾，重新站起来了。

那么，接下来呢？饱暖思淫欲，我们就等着美国的新总统对外来硬的吧，思淫欲的新周期又开始了。

鸡为什么不濒危?

文 | 王福重

大熊猫、藏羚羊、中华鲟等，都是濒危动物，需要花大价钱保护，法律上，禁止贩卖、猎杀等，以维护生物多样性，这对整个人类有重大意义。尽管如此，这些动物能在地球上存在多久，真的不乐观。

同时，全球每天有十几亿甚至更多只鸡被吃掉，也没有任何保护鸡的措施、法律，但鸡不会濒危，不用担心，鸡再存在几百年没问题。

为什么？！

就是因为你喜欢吃它们，当然是有偿的。而为了能每天吃到，人类就会想各种办法，保证不但吃不完，还越吃越多，实际正是如此的。

还有非洲象，也是濒危的。但在有些国家，还有规模地存在，如津巴布韦。秘密是，其他国家，对非洲象，实行保护，禁止猎杀，而津巴布韦呢，不保护，有偿狩猎。

禁止猎杀大象，是想保护象，但这个措施，对附近村子的农民，没一点好处。

如果有人偷猎，他们不但没有积极性制止，还可能近水楼台先得月。而津巴布韦农民不一样，因为可以从狩猎者那里获得好处，他们会想尽办法，既让狩猎者享受到猎象的乐趣，又不致于真的把大象杀死，那样的话，就收不到钱了。具体什么办法，我不知道，也不重要，反正事实证明，是有的。

世界就是这样奇妙。为了鸡生存，就要吃它们；为了大象生存，就要猎杀之。大熊猫的肉一定不好吃，如果能烹出美味的熊猫肉，大熊猫就不需要特别保护，也能生存下去了。

人性本身，是无所谓好也无所谓坏的，但是，如果能够因着它们，满足它们，就可以通过利用它们，解决人类的大多数问题，包括动物保护。相反，如果违背它们，挑战它们，尽管有时看起来正义高尚，终究是要失败的。

人性中，最突出的一点，是自利：每个人的行为，最终都是为自己好。包括那些表面上利他的行为，根本上还是利己。利他，是对人性的挑衅，是不可靠的。

我经常举例说，如果你每天义务修理手机，这对大家可不是什么好事。因为，第一，你的技术可能不足以修好所有手机；第二，你的钱有限，迟早要败光；第三，你助长别人占便宜的心理。某天你身体不舒服，不能修手机，但前来占便宜的人已经排起长队，我想，迟早会有人出来骂道：这个王八蛋为什么今天不给我们修手机了？这时候，人群的道德就下滑了。总之，你这个义务劳动不可靠，而且对社会有坏影响。注意，我还没怀疑你当初给人白修手机的动机呢。

而解决手机问题很简单，他出钱，你出力，市场的法子。市场才能保证手机在任何时候都能修好，并且不会降低社会道德。市场能够成功，是因为符合人性，尊重每个人的利益，即不允许任何人占便宜，想要，就拿钱来。只要你给钱，不用担心，我就给你你所需要的。

这也是我们满足口腹之欲，吃鸡的意义。

顾头不顾腚——城市的下水道与农村的茅厕

文 | 王福重

2012 年 7 月 21 日晚上，32 岁的编辑丁志健先生，开车行至广渠门桥下，那天的雨实在太大了，但桥下排水很不畅，他的车抛锚最后被淹没了，他奋力挣扎，连头骨都撞破了，但无济于事，死在了繁华北京的市中心。

这个事情，举国震惊，也提醒了有关部门。大约是痛定思痛，其后各地加大了城市地下基础设施，包括管网的建设投入，后来这些举措也构成“保增长惠民生”的重要举措。

但是，差不多整整 4 年后，还是一场大雨，华中第一大城市武汉又成了一片泽国。武汉人抱怨说，花了 130 多亿改造排水系统，你就给我这样的下水道?而官方回应，才刚花了 30 多亿。意思是不能怪我啊。

为什么城市没有像样的下水道?

多年前，学《新概念英语》，有一课 An unknown goddess，说考古学家在爱琴海旁边的一个岛上的庙宇古迹里，发现了排水系统。我就很惊讶。中国考古学家，不会发现这个，因为中国古代的城市不可能有这玩意儿。

我们常常以盛唐的长安、北宋的开封等等是当时世界上人口最多、最繁荣的城市而自豪。可是，说实话，长安、开封、洛阳、北京，都不过是一个个大村而已。中国出现真正意义的城市，才 100 多年啊。

真正的城市，重要标志，就是地下管网、排水系统，以及与此有关的如厕场所。看很多照片，到上世纪四五十年代，北京的厕所和农村的茅房没多大分别，都是蹲坑的。而古希腊和古罗马，已经有很好的排水和如厕设施了，古罗马城有冷热两套水管系统，人们经常在公共浴室里谈论国家大事。而据说，北京人第一次安抽水马桶，还是在八国联军的刺刀逼迫之下，中国人是多不情愿在自己屋里上厕所啊。后来，当然抽水马桶普及了，但时至今日，街上的公厕还是稀少，前几年还对如厕的人收费，而且公厕永远不给你准备纸，据说是怕偷。真是国际笑话。

中国是农业文明悠久的国家，与滥觞于古希腊罗马的城市文明，有很大的差异。这种差异是文化和价值观上的，不是抓紧多盖点高楼大厦，就可以弥合。不见城市大街上，到处是随地吐痰、乱扔垃圾、不排队、大声嚷嚷还不以为意的人，如果你批评他们，会引起对方的理直气壮的攻击谩骂。所以大家就这么一直忍着。

说实话，现在城里人到乡下去，最受不了的，就是茅房。一想起来，就有生无可恋的感觉。但是，这是敏感问题，你一说，就有人攻击你，比如说，你不也是从农村出来的吗，你的祖上不也是如此吗……现在，即使是最富裕的农村地区，房子盖得很漂亮，但唯独不肯在厕所上下功夫。

尽管上厕所凑合，但不管城里人还是农民，都讲究吃，中国的吃文化，博大精深，比如一见面就问“您吃了吗”，公款大吃大喝，也是多年痼疾，屡禁不止。中国有美食，是世界共识。但光讲究吃，对排泄却不怎么考虑，可以说是“顾头不顾腚”的文化。

顾头不顾腚，是一种什么思维方式呢。首先是好面子，喜欢做表面文章，喜欢留口碑。做一点好事，就想让全世界都知道。否则就认为白干。比如学XX运动，一律是扫大街，尘土飞扬，这是做广告，大家看，我们在做好事。做了哪怕一点分内的事，立马想上电视、被采访，起码写成日记以后读给人听，否则就没有了动力，镜头在眼前，就装模作样积极，都是演戏高手，没了镜头就糊弄差事。写文章，就起个耸人听闻的题目，内容倒不打紧。重要事情，就开个会，层层传达，用会议贯彻会议，用文件贯彻文件，而且会议和文件还说力戒形式主义、必须真抓实干云云。但实际上呢，说说就完事。

越穷的人，越怕人瞧不起，越好面子。农村不管多穷的人家，都要弄个院墙和大门，这是门面。不管多穷的人家，婚礼什么的，都要办得风风光光的，这是给人看的，不然没有面子。而茅房呢，外人看不见，自己用，脏点怕什么呢。

城里也一样。现在，中国一线和部分二线城市的建筑、道路、绿化世界一流，在北京的CBD、上海的陆家嘴、广州的小蛮腰和深圳的华侨城一带徜徉，就会发出这样的赞叹。只因为这些看得见，包子有肉就得体现在褶上。而下水道，修得再好，谁能得见，再说百年一遇的大雨也不是说来就来，能凑合一天是一天，钱还是用在高楼大厦大马路景观绿化划算。修下水道，是千百年大计，但正因为如此，才没人在乎，城市领导都是几年的任期，何必给后来者当垫脚石呢。

根本上，这是一种见好就收，不追求完美，不讲究内在品质的思维定式。农业文明，都是大而化之的，差不多就行，不要精确。把种子撒下去，土地自己就长东西呢。

什么都是浅尝辄止，不再探究更为深刻的层面，足够唬人就罢手。你看中国人早就有“日取其半，万世不竭”的想法，但最后没有极限和微积分；早就知道炼丹，但没有炼出化学；明朝就有个叫万虎的人，把自己绑在火药上想一飞冲天，当然是粉身碎骨了，但中国人终于也没有发明火箭；更不用说嫦娥奔月，仅仅停留在幻想上而已了。进了城，搞搞房子，就已经是鸟枪换炮，今非昔比，下水道什么的，就算了。

没有勇气承认和改变错误，是一种劣根性。很多事情，人人都知道不对，早晚必须改变，否则大家都完蛋。但人人又都不愿意或不敢公开言明，而是随波逐流地照旧过下去。除非遇到强大的外力，或出现强力的人物，才会改变。

好比下水道，如果不是连续出现几场百年不遇的大雨，遭遇几次严重的内涝，造成严重的不可收拾的后果，是不会认真的。因为重建下水道系统，差不多是城市要推倒重来。不但影响表面繁荣，贻误经济增长，还会带来诸多不变和麻烦，不如得过且过。

于是，农民讲究吃喝但不在乎上最脏的茅房，与住城里的高楼大厦但不在乎没有下水道，就殊途同归了，高楼大厦与可怜的下水道，就是农村美食与肮脏茅坑关系在城市中的继续。

但是，正如穿衣，真正讲究的，最看重的是内衣而不是外套，尽管不外露，但那是穿给自己的，是真舒服。已经富裕起来的中国，也必须补上下水道文化这一课。